琴書為伴 人間清歡

明末才女葉小鸞

張覓 著

詩書世家的文學傳承、才情橫溢的命運悲歌……

一位絕代才女的短暫芳華與時代意義

一瓣紅妝逐水流，不知香豔向誰收。
雖然零落隨風去，疑是凌波洛浦遊。

從清新靈秀閨閣詞作到林黛玉的創作原型，
探索明代才女文化的時代映照

「王夫人林下之風，顧家婦閨房之秀，兼有之耳」
——明代閨閣第一人，葉小鸞

目錄

前言

葉小鸞，字瓊章，又字瑤期。明末文學家葉紹袁和沈宜修的第三女。幼即靈慧。三四歲時，經長輩口授《萬首唐人絕句》、《花間》、《草堂》等諸詞，「皆朗然成誦，終卷不遺一字」，四歲能誦《離騷》，十歲歸家，十二工詩，十四能弈，十六能琴，兼工書畫。詩詞靈秀清美，有大家風範，無脂粉氣。清代詞學家王昶將她譽為「明代閨閣第一人」。

除了天賦異稟，葉小鸞還具有絕世之姿，驚人美貌。在襁褓中已經「眉目如畫，宛然玉人」，初長成時更是驚豔了家人。有評曰：「王夫人林下之風，顧家婦閨房之秀，兼有之耳」，「十七年裊裊素姿，亭亭香閣」，「佳人真絕代，遲日照新妝」等。

葉小鸞又生性仁厚，識見明達，從不恃寵而驕。她與兄弟姐妹素來友愛，還悉心指導貼身婢女工於詩詞，使之精通文墨。因此，小鸞最為父母所鍾愛。

明代以前，就有許多女性作家閃耀文壇，如東漢有班昭、蔡琰，魏晉南北朝有左棻、謝道韞、鮑令暉，唐代有薛濤、魚玄機、李冶、劉采春，宋元更有李清照、朱淑真、魏夫人、張玉娘、管道昇等。晚明時期，才女及其作品數量都遠遠超過了前代。據胡文楷所編之《歷代婦女著作考》統計，漢魏六朝共有女性詩人二十三人，唐代有二十二人、宋代有四十六人、元代有十六人，總共一百一十七人。但明代女性作家則多達二百四十三人，超過歷代人數的總和。這是因為晚明時期，王陽明的心學崛起，其後繼者如李贄則提出「童心說」、徐渭的「自然本色論」、湯顯祖的「至情論」、袁宏道的「性靈說」、馮夢龍的「情教說」，對當時的文學創作都產生了巨大影響。晚明文學家認為，好的文學是人內心自我的真實表達，強烈追求個性解放，主張抒寫性靈。而女性文學強調內心情感的細膩表達，展現精神世界的豐富與深邃，與當時文學所強調的重點相契合。文學家們開始重視對女性的文學教育，並熱衷於研讀女性詩詞，大力推讚女性才情。正因為如此，當時經濟最為發達的江南地區湧現出一大批女性作家。

女性作家天生善感細膩，雖然身體被局限在閨房之內，但她們用極其敏感的心思來捕捉周圍一切微小而精妙的變化，並用清麗之語呈現在詩詞之中，讓人們驚嘆女性心靈世界的淵雅遒麗。而葉小鸞便是箇中翹楚。

葉小鸞的詩詞婉雅秀麗、清新靈雋，毫無嬌媚之態，也無濃豔之辭，而是偏向明潔幽靜、清幽出塵，宛然有超逸蕭散的林下風範。她深受李清照的影響，精於鍊字，而意象上又偏向清新，有自然清雅、輕巧明麗之感。

葉小鸞的作品主要有以下幾個特點。

一是題材狹隘。因為小鸞本身接觸面十分有限，她所能涉及的題材無非是風花雪月、四季更迭，或是父母親情、朋友之誼。平常，小鸞能夠活動的範圍主要在午夢堂內。午夢堂內遍種花草，而她幾乎將這些花草全部寫到詩詞當中了。惜花即是惜己，寫花也是寫人。雖然她的生活環境是比較封閉的，但她內心的情感卻是極豐富細膩的。

二是格調高雅。葉小鸞自小接受到良好的教育，琴棋書畫樣樣皆通，具有多面向的文藝才能。其母親是有「明代李清照」之稱的沈宜修，葉氏姐妹亦均有文才，瓊映玉輝，驚才絕豔，可謂是滿門風雅。葉小鸞與姐妹們吹簫彈琴、烹茶下棋、圍爐夜話、吟詠飛箋、詩筆暢答、翰墨書香……種種風雅之事，也被記錄在了她的詩詞之中。

三是清新靈秀。葉小鸞寫作純粹是為了自抒懷抱，寫的是發自內心的東西，毫不矯揉造作。她在詩詞中融入了自己真實的情感，展現出閨中女子豐富純淨的精神世界。千百年之後仍然感動人心。

四是憂鬱哀豔。雖然晚明讚揚個性，重視人的天性，當時不少文學家對女子的聰明才智也給予了充分肯定，但是並沒有真正把女性從現實生活的桎梏中解放出來。而女性的思想得到啟蒙、智慧得到啟發，卻仍找不到施展才華的平臺，她們之中的絕大多數者，仍然被限制在家庭之中。葉小鸞也是如此。因此，她的詩詞中，傷春悲秋的內容所占比例不小。即便是春意盎然時，小鸞也禁不住湧起芳華空逝的憂傷與恐懼。而秋意蕭瑟更會引起她對生命零落的無常與滄桑。當然，她也有格調歡快、明淨輕盈的小詩或者小詞，來反映她原本少女的青春活力，但這些詩詞在小鸞的創作中並不占主流，她似乎無時無刻不在憂鬱著。

五是超凡脫俗。葉小鸞性高曠，厭繁華，愛煙霞，通禪理。雖然小鸞不能像男子一樣去各地遊覽，見識名川大山，但她對山水依然充滿了神往和憧憬。當時明代的佛教思想廣為盛行，平日裡，小鸞和姐妹們除寫詩、作畫、彈琴外，還參禪禮佛。現實的不自由，使得她更渴望能有一方安放心靈的仙境。山水之思和遊仙修禪之意結合起來，這讓葉小鸞的詩詞隱然有清幽出塵之感。

然而，如此出眾的才女卻在婚前五日猝然病逝，年僅十七歲。她的離奇死亡至今仍是個謎，不少研究的學者認為是小鸞心理上對婚姻的抗拒所致。本書也持這一觀點。

葉小鸞與姐妹們的創作都是寫完之後即將文稿投入詩筒。葉小鸞去世之後，父親葉紹袁在詩筒之中整理出她的遺作，共有詩一百零三首、偈一首、詞九十闋、曲一闋、擬連珠九首、序一篇、偈二篇，編輯為《返生香》。舅父沈自炳為《返生香》作序，在序言中說：「《十洲記》曰：『西海中洲有大樹，芳華香數百里，名為返魂，亦名返生香。』筆墨精靈，庶幾不朽，亦死後之生也，故取以名集。」葉紹袁將《返生香》收入了《午夢堂集》中，流傳後世。

在對葉小鸞的研究中，有一個有趣的觀點，即認為葉小鸞就是《紅樓夢》中林黛玉原型。葉小鸞曾做下〈蓮花瓣〉一詩：「一瓣紅妝逐水流，不知香豔向誰收。雖然零落隨風去，疑是凌波洛浦遊。」曹雪芹《紅樓夢》中林黛玉的葬花詞「未若錦囊收豔骨，一抔淨土掩風流」、「儂今葬花人笑痴，他年葬儂知是誰」等似是脫胎於此。《紅樓夢》

七十六回中，林黛玉與史湘雲月下聯詩，黛玉所對的「冷月葬花魂」也是由葉小鸞的「拋棄珠環收漢玉，戲捐粉盒葬花魂」詩句化來的。葉小鸞與林黛玉同為年少夭亡，又同是明慧靈雋、風露清愁、孤高自許的少女，曹雪芹的祖父曹寅又曾與葉小鸞的六弟葉燮往來甚密，因此，有研究者認為，葉小鸞就是《紅樓夢》中「世外仙姝」林黛玉的原型，也頗有幾分可取之處。

作家譚正璧在《中國女性文學史》中說：「每個著名的女作家的身世都帶有浪漫的意味，彷彿她的本身就是篇絕妙的文學著作。她們的作品又是她們身世的寫照，所以即使她們的歷史一字一句都不遺留到現在，只要作品留存，我們便可窺見她們身世的一斑。」關於葉小鸞的研究資料並不多，而且目前市面上也還沒有一本專門研究她的專著，本書力圖從葉小鸞的詩詞和《午夢堂集》的相關研究資料中，還原晚明時期一個真正的絕代才女。因本人能力有限，如有錯誤疏漏處，懇請讀者朋友不吝賜教。

第一章
詩書世家：閨中才女的天資與家學

梅花　葉小鸞

窗前幾樹玉玲瓏，半帶寒煙夕照中。
啼鳥枝頭翻落絮，惜花人在畫樓東。

瓊枝玉樹，交相映帶

萬曆四十四年（西元一六一六年）三月，正是草長鶯飛、繁花似錦之時。這個月初八的清晨，蘇州吳江汾湖的葉家午夢堂，葉紹袁和沈宜修的第三個女兒出生了。

襁褓中的小嬰兒玉雪可愛，葉紹袁喜出望外，給嬰兒取名葉小鸞，取字瓊章，又字瑤期。鸞是神話傳說中鳳凰一類的鳥，瓊章是對詩文的美稱，可見父親對這個剛剛降臨到人世間的女兒寄託了極美好的期望。

葉小鸞也的確沒有辜負父親對她的期望，長大之後，她果然驚才絕豔，「傾國殊姿，仙乎獨立，倍年靈慧，語亦生香」。

晚明時期，才女輩出，葉小鸞和她的姐妹在當時的文壇上也是閃耀一時。《彤奩雙葉題辭》稱：「吳汾諸葉，葉葉交光，中秀雙姝，尤餘清麗。」在葉氏姐妹中，葉小鸞尤為出類拔萃。她不僅容采端麗，明秀絕倫，且幼而奇慧，初學詩詞即卓然成家，風格雋永清逸。她四歲通《離騷》；十歲做對句；十二歲便工詩、善詞，「情深藻豔，宛約凝修」，「如玉山之映人，詩詞絕有思致」；十三歲工篇章，並古文及齊梁體，被譽為「筆墨精靈」。她生性仁厚，可稱得上是才色並茂，德容兼備。清代詞學家王昶將她譽為「明代閨閣第一人」。

她的父親葉紹袁，字仲韶，小名寶生。明末文學家，吳江汾湖世家葉氏第二十四世。葉紹袁是明天啟五年（西元一六二五年）進士，家學淵源，詩文俱佳，十五歲便中了秀才，文章更是贏得了「知是十年梨花槍，海內當無敵手」的美譽。

小鸞之母沈宜修也是明末著名才女。她來自同邑的另一書香世家松陵沈氏。沈氏以戲曲聞名，稱「吳江派」，與同時代以湯顯祖為代表的「臨川派」齊名。沈宜修熟讀經史，博通典故，流傳作品極多，素有「明代李清照」的美譽。學者張仲謀說：「明人稱道女性詩人，動以李清照作比，實際相去遠甚，而相近者當推沈宜修。」她的風格也直接影響了葉小鸞。

葉小鸞的出生地吳江，氣候溼潤，土地肥沃，風景旖旎，地靈人傑，民喜詩書，「多聞弦誦之聲，久負科名之盛」。早在西晉時期，詩人張翰就曾寫下〈思吳江歌〉：

「秋風起兮木葉飛，吳江水兮鱸正肥。三千里兮家未歸，恨難禁兮仰天悲。」據《世說新語．識鑑》：「張季鷹闢齊王東曹掾，在洛，見秋風起，因思吳中蒓菜羹、鱸魚膾，曰：『人生貴得適意爾，何能羈宦數千里以要名爵！』遂命駕便歸。」

李白有詩讚曰：「君不見吳中張翰稱達生，秋風忽憶江東行。且樂生前一杯酒，何須身後千載名。」歷代文人墨客，如陸龜蒙、張先、梅堯臣、蘇軾、辛棄疾、姜夔、吳文英、蔣捷等人都曾為吳江留下詩文。

葉小鸞的父親葉紹袁、母親沈宜修來自吳江汾湖之畔的兩個書香世家，吳江葉氏和吳江沈氏。汾湖，位於吳江縣東南六十里的蘆墟鎮西。吳江葉氏，明清兩朝中進士者八人，縱跨七代，所謂「七世進士」。吳江沈氏，中進士者有九人，僅萬曆年間同一輩人中即有五人先後中進士，被譽為「沈氏五鳳」。葉氏以詩書傳家，沈氏以曲學名家。時人周銘《松陵絕妙詞選．凡例》評價曰：「家事清華，一門鼎盛，父子兄弟，皆善詞藻。所著詩餘，如百草流書，光采煥發。」當時的人評價葉沈兩家為：「沈氏一門，人人有集；汾湖諸葉，葉葉交光。」

葉小鸞的母親沈宜修，字宛君，是沈家「五鳳」之一沈珫的女兒。沈珫曾任山東東昌知府。沈宜修八歲喪母，父親又宦遊在外，自幼由姑母撫養長大，但她極愛詩詞，無師自通，四五歲即「過目成誦，瞻對如成人」，經史詞賦，過目即終身不忘，「幼無師承，從女輩問字，得一知十，遍通書史」。

當沈宜修年齡尚幼之時，即能「秉壺政，以禮肅下，閨門穆然」。如此年紀的女孩便能獨立操持家務和照顧自己，而且落落大方，深具名門閨秀氣質，這讓她的堂叔父沈璜非常驚異和欣賞。沈璜與葉紹袁的父親葉重第同籍，交情深厚，曾經對葉重第說：「家季玉有女，憲副公字。甄後弄書之歲耳，母亡而條條娓娓如也，長必賢，是有貴徵，曷以字若子。」葉重第很是歡喜。就這樣，沈璜做媒，將沈宜修聘給了葉家。沈宜修十六歲，便與葉紹袁成婚，嫁至葉家。

沈宜修與葉紹袁婚後情投意合、琴瑟和鳴，可謂「瓊枝玉樹，交相輝映」「倫則夫婦，契兼朋友」。沈宜修兼有江南女子的靈秀和書香門第的才氣，秉性溫柔賢淑。葉紹袁深愛妻子，對她極為欣賞，稱讚她「秀外慧中」、「雅人深致」。自嫁入葉家，沈宜修雖然忙碌，卻手不釋卷，作下大量詩詞，「米鹽漿酒之暇，不廢吟詠」。

婚後，葉紹袁和沈宜修便居住在午夢堂。從葉紹袁的父親葉重第開始，葉家便定居於午夢堂。因為葉重第非常喜歡夏日午睡醒來時的那份寧靜怡然，更喜宋代詩人蘇舜欽〈夏意〉中的詩句：「別院深深夏席清，石榴開遍透簾明。樹蔭滿地日當午，夢覺流鶯時一聲。」於是，他便給自己的居所取名為午夢堂。

午夢堂位於吳江北厙汾湖邊的葉家埭（今葉周村），內有秦齋、謝齋、芳雪軒、疏香閣、清白堂等。其中，秦齋為葉紹袁、沈宜修的臥室。謝齋取「謝氏階庭芝玉之義」，是希望葉家也能像東晉時的謝家一樣芝玉滿堂。這是葉紹袁書房，同時又是葉家子女的讀書之處。芳雪軒是葉紹袁和沈宜修的長女葉紈紈的臥室兼書房。疏香閣則是葉小鸞的閨房。清白堂前的庭院中有「孤松修竹數竿，梅花一二枝，芭蕉、芍藥，楚楚欄砌間」，堂名「清白」二字寓葉紹袁之父葉重第為人之志。

葉紹袁和沈宜修兩人共育有五女八男，除四女失載、八兒早夭外，俱有文采。長女葉紈紈、次女葉小紈、三女葉小鸞、五女葉小繁、三兒媳沈憲英均工詩詞。著名詩論家葉燮為其六子。崇禎九年（西元一六三六年），葉紹袁將愛妻和子女的作品編成《午夢堂集》，傳於後世，此為後話。

在葉紹袁之前，其母馮老夫人曾經生有四子，但是都夭折了，因此在生下葉紹袁之後，馮夫人和葉重第都是異常疼惜。根據當地風俗，為了避免孩子夭折，要把他暫時寄放到一個人丁興旺的人家，於是葉紹袁出生僅四個月，葉重第便把兒子送到了好友袁黃的家中寄養。

袁黃給葉紹袁取名寶生。葉紹袁六歲進入私塾讀書，和袁家的兒子袁儼（字若思）同吃、同住、同讀書，結成了感情深厚的異姓兄弟。袁黃是當時名士，袁家「往來皆文士，談笑即文章」，葉紹袁自然深受薰陶，受益匪淺。在葉紹袁十歲那年，葉重第把兒子從袁家接了回來。為了感謝袁家的培育之恩，便給兒子定名為「紹袁」。紹者，傳也。

葉紹袁十五歲與沈宜修結下秦晉之好，但「仍讀書司馬公家，以宴爾暫歸」，「同袁儼、金浮弋（名元嘉，丁未進士）讀書家廬」，即仍然同袁儼、金浮弋在袁家潛心攻讀，即使是新婚燕爾也只是「暫歸」，學業絲毫不敢荒廢。正因為如此，葉紹袁和沈宜修婚後五年才生下長女葉紈紈。

葉小鸞是他們的第三個女兒。

豔色清才，端麗明智

沈宜修生下葉小鸞後，夫妻倆自然喜悅無限。但很快他們就面臨一個嚴峻的現實。

葉家本是大戶人家，但是傳到了葉紹袁的手裡，已經是家道中落。葉紹袁父親葉重第「歷官以廉節著聞，所貽僅給饘粥」。當他四十二歲病逝時，家貧無以為繼，只能「賣田供費」。雖然父親生前留下十餘頃土地，但葉紹袁不善經營，秉性清高，身上又有「千金散盡還復來」的名士做派，再加上娶妻生子以及科舉用費，很快葉家便入不敷出，敗落下來。

沈宜修生葉小鸞時，本就身體虛弱，又加之「家貧乏乳」，眼看著幼小的女兒餓得直哭，夫妻倆都心疼不已。

就在這時，小鸞的舅母張倩倩剛生下的嬰兒不幸夭折，張倩倩黯然神傷，悲痛難忍。為了安慰張倩倩，也為了小鸞能有充足的奶水，葉紹袁和沈宜修把出生才四個月的小鸞送往她舅父沈自徵家，由舅父、舅母撫養。小鸞的舅父、舅母也非等閒之輩，同是當時極為出色的才子才女。舅父沈自徵，字君庸，是明末著名戲劇家，擅長詩文散曲，所著《漁陽三弄》在當時被譽為「明以來北曲第一」。時人謂其辭「瀏漓悲壯，其才不在徐文長之下」，並稱其為「漁陽先生」。後人彙集其作品成《沈君庸先生集》。

沈自徵還擅長雄辯，精通兵法。他胸懷大志，一心想做出一番轟轟烈烈的事業。沈自徵的父親曾授予他五十畝田地，他卻將田地盡數賣了，得到的二百兩銀子全部賙濟了親朋，大有「天生我材必有用，千金散盡還復來」的豪邁狂放。

舅母張倩倩生性端莊恬靜，嚮往溫柔安寧的生活。沈宜修讚她「端麗明智」。她是沈宜修的表妹，小沈宜修四歲，資性穎慧，才學俱佳，詩詞造詣不在沈宜修之下。

沈宜修八歲時母親去世，從此她在姑母家生活，與表妹也就是張倩倩常常在一起讀書玩耍，「凡篋錢斗草，弄雪吹花，嬉遊燕笑」。沈宜修曾模仿南朝文學家顏延之的作品〈五君吟〉，以家中的五位女性為對象來刻畫她們的容顏之美，作詩〈顏延之有五君詠暇日戲擬為之〉。這組詩中第一首寫的就是張倩倩：

佳人字倩倩，綽約多娟孅。
豐既妍有餘，柔亦弱可擬。
巧笑思莊姜，宜顰羨西子。
沉香倚畫欄，獨立誰堪比。
春雨泣梨花，華清竟杳矣。

在沈宜修的筆下，張倩倩綽約多姿，娟娟秀美。雖然豐腴妍麗，但卻給人一種柔弱嬌美之感，且巧笑嫣然，宜嗔宜喜。

沈宜修和張倩倩多有詩詞唱和。沈宜修〈仲春寄表妹張倩倩〉中有「故園明月樓前柳，回首春風各斷腸」句，寫的就是二人兒時共同遊玩的歲月。

張倩倩雖然也是才華橫溢，但她卻並沒有把這才華放在心上，加上夫妻感情不順，心中煩憂，作品寫過即棄，因此並無詩文集傳世。沈宜修所編輯的《伊人思》中只收錄了張倩倩詩詞七首，都寫得清麗纏綿，令人蕩氣迴腸。其中一首〈過行春橋〉寫道：

行春橋上月如鉤，行春橋下月欲流。
月光到處還相似，應照銀幕夢裡愁。

行春橋是張倩倩家附近的一座小橋。在張倩倩這首詩中，橋上彎月，橋下月影，月光盈盈，照著女子夢中的愁怨，意境空靈柔美。沈宜修還在《表妹張倩倩傳》中稱讚張倩倩「風度瀟灑，善談笑，能飲酒」。閨中之時，張倩倩是個活潑風趣的少女。因為她脂凝玉膩，微豐有肌，還在沈家得了一個「華清宮人」的雅號。倩倩十二歲時，「春含瑤蕊，秋映瓊輝，美麗已無堪並」，到了十八歲，「光豔驚目，娟冶映人，亭亭若海棠初綻，濯濯如楊柳乍絲」，美若海棠初放、楊柳新芽，清新娟秀，光彩照人。

倩倩嫁給了表兄沈自徵，但是大約是因為近親結婚的關係，生下的孩子都因病夭折。

沈自徵向來倚才自負，卻不善經營，揮金如土。更兼常年在外遊歷，留下嬌妻一人在家。張倩倩經常獨守空房，便常寫詩詞給沈宜修以抒發心中苦悶。

清明節這天，淒風冷雨，鷓鴣聲聲，杏花零落滿地。清冷之景，勾起了倩倩的傷懷，她作了一首〈憶秦娥．青日〉，寄給沈宜修：

風雨咽，鷓鴣啼碎清明節。清明節，杏花零落，悶懷千疊。
情悽依舊和誰說？眉山斗鎖空愁絕。空愁絕，雨聲和淚，向誰悽切？

這首詞纏綿哀婉，字字泣淚。清代周銘所做之《林下詞選》就曾評價她的詞「豔色清才」。

又有一天傍晚，正值薄陰天氣，細雨灑在庭院裡的竹林上，簌簌有聲。而庭中的花也被雨打溼，如同流淚的芙蓉面。雨越下越大，花葉在西風摧殘下，殘紅碎綠，零落一地。倩倩臨窗而望，觸動心事，忍不住落下淚來。那遠離故土的夫君，此時是在何方？他可知道獨自在家等候他的妻子心中之傷痛難耐呢？到了夜裡，又聽見樓前陣陣雁鳴之聲，更覺淒涼。

不久，沈宜修來看她，兩人秉燭夜談，談了一晚上的話。倩倩說到丈夫之時，忍不住珠淚漣漣。於是，她研墨展卷，寫下了一首詞〈蝶戀花．丙寅寒夜與宛君話君庸作〉：

漠漠輕陰籠竹院。細雨無情，淚溼霜花面。試問寸腸何樣斷，殘紅碎綠西風片。
千遍相思才夜半。又聽樓前，叫過傷心雁。不恨天涯人去遠，三生緣薄吹簫伴。

沈宜修在《伊人思》裡收錄了這闋詞，並在詞後標注：「此闋則丙寅寒夜與余談及君庸，相對泣作也。」

清才曠致，有妗母風

孤獨多年，備受喪子喪女之痛，忽然來了一個粉妝玉琢、嬌美可愛的小嬰兒，張倩倩自是歡喜異常。她把小鸞當作親生女兒一樣百般疼愛，生活開始投射進一縷新鮮的陽光。

葉小鸞從此成了舅父、舅母的掌上明珠。葉小鸞天資聰穎，聞一知十，張倩倩心中歡喜，對小鸞的教育就更加用心，手把手地教小鸞讀書識字，恨不得把一身的才華傾囊傳授給小鸞。

葉小鸞也沒有辜負舅母的期望。她小小年紀就博聞強記，三四歲的時候，就能背誦《萬首唐人絕句》及《花間》《草堂》諸詞，終卷不遺一字，而且還能略知其義。

沈自徵也喜愛這個聰明過人的外甥女，自從小鸞來家之後，他在家停留的時間比以往要多了。多年以後他回憶起當年甥舅兩人相處的情形，曾寫道：「每寒夜擁絮，命汝誦詩，若雛鶯弄聲，睍睍不止。」冬夜裡，舅父要小鸞背詩，小鸞背誦流利，吐語清細，如同剛出殼的黃鸝一般惹人憐愛。舅母在一旁一邊撥著爐火中的瓦片，一邊和小鸞一起背著《離騷》，一家人其樂融融，這大約是沈自徵和張倩倩最覺溫暖的時光。

而《離騷》的誦讀對小鸞的氣質形成也有了決定性的影響。日後她寫詩作詞清麗雅致，始終縈繞淡淡憂愁，不脫《離騷》之風。清人沈祥龍《論詞隨筆》有云：「屈、宋之作亦曰詞，香草美人，驚采絕豔，後世倚聲家所由祖也。」

在張倩倩的教導之下，年紀幼小的葉小鸞已經顯露出一位出色才女的特質了。她生性愛靜，每日都會臨摹王獻之的〈洛神賦〉或懷素的草書，不分寒暑，靜坐北窗下，整日與琴書為伴，樂在其中。

在舅父家的十年時光，有舅父、舅母的滿心疼愛與無微不至的照顧，小鸞是幸福的。後來她回想到這段時光，都如同做夢一般，不願醒來：「十年客夢未曾醒。」

曾有一段時間，因為生活貧困，又不善經營，沈自徵決定離家，去京城闖蕩一番。

張倩倩自然極為不捨。沈自徵本來就喜歡遠遊，但這一次是去京城，而且還不知道什麼時候歸來，她最擔心的是，也許，他從此就不再回來了……。

但是無論她怎麼挽留，沈自徵都已經鐵了心。他原本就「少年裘馬，揮斥千金，自負縱橫捭闔之材，好遊長安塞外」，她於是放棄了挽留。她從來都沒有留得住他，這次也不例外，只得獨自黯然神傷。

但是冰雪聰明的小鸞感受到了舅母的傷痛，在她臨風流淚的時候小鸞跑了過來，輕輕用小手擦去舅母的眼淚。

倩倩緊緊抱住小鸞。幸好，她還有小鸞。這時，小鸞才九歲。

沈自徵入京謀職後，張倩倩更把全部心思都花在了葉小鸞身上，小鸞深得張倩倩才情真傳。

而沈自徵此次仗劍北遊，一去就是十年，這十年之中，他沒有回來過。在京十年，沈自徵遍察西北邊塞，考究地理形勢，後來又受朝廷之選，趕赴戰火正緊的山海關軍營中任幕僚之職，他多次出謀劃策，籌劃兵事，名噪一時。

他自北上以來，整天馳逐於黃沙白草、金戈鐵馬之中，根本就沒有念及家中苦苦盼望他歸來的嬌妻。只有在想到葉小鸞的時候，牽動了慈父心腸，他才忍不住泫然淚下，與胡笳聲俱墜。

後來，小鸞寫過憶舅父的兩闋詞和幾首七言詩，都寄到沈自徵的任上。如〈踏莎行．憶沈六舅父〉：

枝上香殘，樹頭花褪，紛紛共作春歸恨。十年客夢未曾醒，子規莫訴長離悶。

回首天涯，愁腸縈寸，東風空遞雙魚信。幾番歸約竟無憑，可憐只有情難盡。

沈自徵很為外甥女的詩才驕傲，出示給京城的文人墨客看，大家讚賞不絕，爭相抄誦。

疏香獨對，深院朦朧

沈自徵遠遊之後，張倩倩身體每況愈下。這大半是因為沈自徵長期不在張倩倩身邊，導致她孤獨寂寞，憂愁過度。雖然身邊有乖巧聰穎的小鸞陪伴，但終不能釋懷。後來倩倩病倒臥床，漸漸病入膏肓，已經無力照顧小鸞，不得不忍痛與沈宜修商量著把葉小鸞送回葉家。

就在這年十月比小鸞大六歲的大姐葉紈紈出嫁到袁家。

回葉家那天，為了紀念在舅父家生活的十年光陰，感謝舅母的養育之恩，也為了寄託對久未歸家的舅父的思念之情，葉小鸞親手在自己閨房前院子中的梅花旁，種下了一株臘梅。這株臘梅幽幽吐芬，佇立了四百餘年，成了午夢堂現在僅存的遺物。

和母親沈宜修一樣，葉小鸞也極愛梅花，曾作有十首七絕梅花詩：

其一

仙質亭亭分外新，欹煙不語半含顰。
凍雲寒月如相識，雪裡無春卻恨春。

其二

堪笑西園桃李花，強將脂粉媚春華。
疏香獨對枝梢月，深院朦朧瘦影斜。

其三

窗前幾樹玉玲瓏，半帶寒煙夕照中。
啼鳥枝頭翻落絮，惜花人在畫樓東。

其四

春色還遲半柳條，悽風淒雨冷偏饒。
隔簾飄落知多少，樹下香魂應自消。

其五

幽姿偏耐歲寒開，寄語東君莫浪猜。
最是雪中難覓處，幾回蜂蝶自空回。

其六

卻憶含章點額時，鏡臺初展拂妝遲。
近來贏得愁如許，雁過遙天雪滿枝。

其七

瘦影橫窗亂月明，夢迴紙帳暗香縈。
無端一夜高樓笛，吹碎瓊瑤滿竹亭。

其八

初移日影上欄杆，消釋東風昨夜寒。
玉暈香痕看未足，好教瓊樹莫吹殘。

其九

霏霏昨夜雪添妝，不辨花光只辨香。
獨倚小樓人不見，南枝爭似北枝芳。

其十

傲骨欺霜映碧浮，數竿修竹伴清幽。
年年燕子無消息，春信誰將寄隴頭。

葉小鸞的梅花詩，毫無稚子之聲與脂粉氣息，其中化用了不少前人名句，並加入了自己獨有的冷豔孤清的氣質，如「疏香獨對枝梢月，深院朦朧瘦影斜」，便是點化宋代詩人林逋的詩句「疏影橫斜水清淺，暗香浮動月黃昏」。父親葉紹袁讀後，嘆為淒涼之調：「亦是淒涼語調，無一穠麗氣。」「雪裡無春卻恨春」之句，沈宜修更是初見便愕然動心。

弟弟們曾問小鸞為何如此喜歡梅花，葉小鸞答道：「歲暮天寒，百花凋零，唯有梅花凌霜吐蕊，散發幽香，那些趨繁華、喜濃豔的蜂蝶，如何能理解梅花的冰心玉骨呢？」

也是因為葉小鸞對梅花的鍾愛，回到葉家之後她的閨房也取名疏香閣，閣前種有多株梅花。葉紹袁云：「午夢堂西偏有小樓，窗欞四達，梅花環繞，餘名曰『疏香閣』。」宋代詞人李元膺於〈洞仙歌．雪雲散盡〉云：「一年春好處，不在濃芳，小豔疏香最嬌軟。到清明時候，百紫千紅花正亂，已失春風一半。」

每到冬天，萬花紛謝，只有梅花不畏寒冷，凌霜傲雪。每當梅花吐露芬芳之時，葉小鸞總是會屹立在臘梅樹下，遙想著溫柔美麗而又才華卓著的舅母張倩倩對她的深情厚誼，還有她們共處的清歡歲月。

第二章
琴棋書畫：多才多藝與藝術修養

點絳唇．暮景　葉小鸞

薄卷紅綃，斷霞西角斜陽遠。晝長無伴，閒去題花扇。
獨倚欄杆，看盡歸鴉遍。輕雲亂，涼風吹散，新月中天見。

林下之風，閨房之秀

小鸞回到葉家，這初長成的美麗少女連父母都驚豔了。母親沈宜修情不自禁地稱讚她：「兒鬟髮素額，修眉玉頰，丹唇皓齒，端鼻媚靨，明眸善睞，秀色可餐。無妖豔之態，無脂粉之氣，比梅花，覺梅花太瘦；比海棠，覺海棠少清。……王夫人林下之風，顧家婦閨房之秀，兼有之耳。」

「林下之風」和「閨房之秀」，葉小鸞兼而有之。「林下之風」和「閨房之秀」出自《世說新語．賢媛》：「謝遏絕重其姊，張玄常稱其妹，欲以敵之。有濟尼者，並遊張謝二家。人問其優劣，答曰：『王夫人神情散朗，故有林下風氣；顧家婦清心玉映，自是閨房之秀。』」「王夫人」指的是謝道韞，「林下風氣」指的是她的超逸氣質和大方舉止。「閨房之秀」指的是張玄的妹妹，生得端莊秀美，清雅可人。

小鸞從舅母家回家之時，正是深秋。有一晚，她和母親一起坐在廳堂前觀看月色，檻外風聲瀟瀟，竹影搖曳，簾前月明如水，涼意沁人。這秋天的夜晚，總給人一種蕭瑟而清美的感覺。

沈宜修不由得心生感慨，隨口吟道：「桂寒清露溼。」還沒來得及想下句，葉小鸞即應聲答道：「楓冷亂紅凋。」聲音清脆，如出谷黃鸝。

沈宜修大喜。以「楓冷亂紅凋」來對「桂寒清露溼」，可謂工整之極，才十歲的孩子，就已經能從時移物換間感知生命的凋零了，「楓冷亂紅凋」，充滿了生命的蒼涼之感。

因此，沈宜修連連誇讚葉小鸞有柳絮因風之思，對女兒更加愛憐看重，悉心指導。從葉小鸞後來所作的詩詞中，可以看出，她詩詞的章法、字法、句法到組詩形態都深受母親的影響。

葉小鸞的美貌也是驚人的。到了十二歲那年，她濃髮覆額，體態修長，娟好如玉人。少女初長成，亭亭玉立，顧盼生輝。

就在這一年，葉紹袁被授南京武學教授，全家遷居南京，葉小鸞隨同父母一起來到古都南京。這是她第一次離開家鄉，到一個完全陌生的城市，小鸞滿目新鮮，滿心歡喜。

在一個春日的清晨，小鸞和往常一樣早起梳妝。她無意中向鏡中一瞥，不由得被鏡子裡少女的美貌所驚豔。那少女清麗絕俗，一雙細眉就像精心畫成的一樣，鬢旁的花和容顏相互映襯，更顯得麗色照人。窗外清露晨流，新桐初引，柳蔭裡滾落幾聲黃鶯清脆悅耳的聲音，小鸞不由得也微笑起來。

這是第一次，小少女知道了，原來自己這麼美麗動人。她忽然強烈感受到青春之美妙，人生之美好。

這也是她第一次發現了自我，並發現了自我的美。一點靈動詩心，便如這早春初花，悄然綻放了。

於是，蘸著早春的芬芳，她提筆寫下了一首詩〈春日曉妝〉：

攬鏡曉風清，雙蛾豈畫成。
簪花初欲罷，柳外正鶯聲。

這首詩下有葉紹袁的注：「時年十二歲，初學遂有此等句，真是夙慧，豈在垂拱四傑之下？」垂拱，唐武則天年號；四傑，即初唐四傑：王勃、楊炯、盧照鄰、駱賓王，皆是當時名滿天下的四大才子。這四大才子都屬早慧，駱賓王七歲詠鵝，佳篇傳世；盧照鄰少年時就被視為相如再世；楊炯、王勃則是被地方官舉薦至朝廷的神童。葉小鸞這首詩清雋生動，渾然天成，因此父親葉紹袁大加稱讚，認為她絕不在那些傳說中的唐代神童之下。

這是她的第一首詩。

在南京的這段日子，小鸞還作了不少的詩。小小少女能揮筆作詩，而且詩作清麗絕俗，有大家之風。這個消息流傳出去之後，南京的文人和士大夫都大為驚奇，爭相抄錄，有的還把詩作帶回去給自己的子女觀摩學習。

可惜，這些在南京學寫的詩作，除此首外無一存留。母親沈宜修猜想可能是小鸞自己對這些初學之作並不滿意，便棄去了。看來雖然得到大家稱讚傳誦，但這些習作實際上並未達到小鸞心中的標準。

舅母張倩倩病情嚴重，掙扎不起了。沈自徵自北上之後，一直都沒有回來，他自己也說「略不憶家」，更沒有念及獨守病床的張倩倩。多年以前，他們也曾是天造地設、才貌相當的一對，但如今沈自徵漂流在外，倩倩卻是悽悽慘慘戚戚，孤苦伶仃。夫君薄情至此，倩倩心灰意冷。她幽居食貧，獨自抱病。終於，在一個颳著寒風的夜晚，倩倩帶著對丈夫和小鸞的無限思念，還有滿腹的憂思幽怨，不治而亡，年僅三十四歲。

當時是天啟七年（西元一六二七年）的十月，而沈自徵仍然宦遊在外。倩倩病逝的噩耗傳來，沈宜修自然是悲痛萬分。失去了最好的朋友，親密的姐妹，如同失去了靈魂中最重要的一部分。她不由得悲嘆：「玉碎珠沉，香閨無色；造物不仁，失我好友。」

張倩倩的突然去世，更是讓年幼的葉小鸞一時無法接受。「魂消南望，淚逐東歸，情兼渭陽，慕深陟屺」，悲慟難以自已。她從小由張倩倩撫養長大，舅母對她的體貼關懷無微不至，更把全身才學盡數相授，她的氣質談吐中，早已有了舅母的影子。在她心中，張倩倩甚至比母親沈宜修更要親近。如今，失去了最重要的一位親人，如何不痛徹心腑？

小鸞曾經在歸家的那一天親手種下了一株臘梅，以紀念舅母對自己的養育之恩。而這時，為了寄託對舅母的哀思，葉小鸞便更加頻繁地去看她親手種植的那株臘梅。

兩年之後，葉小鸞十四歲時，跟隨母親去祭拜舅母張倩倩，想起十年養育之恩，竟無從回報，不由得悲從中來。

回來後大哭一場，飽蘸濃墨，寫下〈己巳春哭沈六舅母墓所〉一詩：

十載恩難報，重泉哭不聞。
年年春草色，腸斷一孤墳。

春草年年都會再生，而舅母逝去卻永不回來了！詩中字字血淚，令人不忍多看。其筆法之成熟，感情之悲涼，難以讓人想像此詩是出自十幾歲少女之手。

張倩倩的不幸婚姻和英年早逝，對小鸞影響很大，使她很早就開始思索人生的艱辛與無奈，還有對於少女來說太沉重的人生難題和生命悲劇。從此，葉小鸞的性格中又多了一縷揮之不去的悒鬱清愁，這使得她比同齡的女孩子更加早熟和靈慧。她生性淡泊，卻是早早就見識到了人生之無常無奈。因此，她開始嚮往人生永恆的瑤臺仙境，在那個仙境之中，沒有任何哀愁，沒有任何失落，所有美好的事物可以永恆。為此，她自號「煮夢子」，就是希望能煮好一縷仙境清夢。

填詞賦詩，能琴善畫

其實，回到葉家後，小鸞備受寵愛，得到的愛比在舅父家的只多不少。雖然舅父、舅母疼愛她，但舅父在家時日畢竟不多，而舅母也時常悲戚自嘆。而在葉家，父母疼愛這個從小離家又聰慧異常的小女兒，兄弟姐妹們也是極愛護羨慕她的才華。她失去舅母的傷痛也漸漸被撫平。

葉小鸞十三歲時，曾隨母親和祖母到杭州天竺敬香，禮拜觀音大士。路過西湖，當時夕陽在山，暮煙籠樹，小鸞有感而賦，寫下〈遊西湖〉五絕一首：

堤邊飛絮起，一望暮山青。
畫楫笙歌去，悠然水色冷。

西湖的美景自古被文人墨客歌詠甚多，但小鸞這首卻新巧別致，與眾不同。父親葉紹袁驚奇不已：「十三歲女子，不喜繁華，而喜笙歌去後之水色清冷淒涼之況，超凡出塵之骨，已兆此矣。」一般人遊覽西湖，注意到的自然是西湖堤上的奼紫嫣紅與畫舫上的曼妙清歌，而小鸞關注的卻是笙歌過後清冷碧青的水色，視角與眾不同，而詩句也如此超凡出塵。

自此以後，小鸞的詩情勃發，短短幾年間，一口氣寫下了數百首詩作。「填詞賦詩，見者炙口。能琴善畫，鮮為人知。」她十二歲已工於詩詞，頗多佳句，其詞堅厚流雅，哀豔芊綿，雋永清逸。「一語纏綿，復耐人尋嚼。正如花紅雪白，光悅宜人。」十三四便善於為文。舅父沈自炳在〈返生香序〉中寫葉小鸞「年十餘，知詞賦。十三四，工篇章，並古文及齊梁體，皆過目能誦，操翰成章，朗雋遒逸，咸遵其致」。她的才華不僅體現在文學方面，棋藝更是精湛靈慧，十四歲便善於下棋，令人嘆服，很多男性長者都下不過她。

沈宜修家族裡有一位善於彈琴的姑姑，這位姑姑早年守寡，無兒無女，於是便把畢生精力全部花在了琴棋書畫尤其是琴上面，她的琴藝已臻爐火純青。沈宜修曾經寫了一首詩，稱讚姑姑的琴藝：

……

冰弦乍挑撥，玉指泛宮商。
白雪音隨發，歸風引送長。
峨峨三峽思，流水何洋洋。
林表動清響，雲彩飛悠揚。
仙仙青鸞集，低昂敷眾芳。
促柱淒古調，參差襲素商。

……

庭鳥寂不喧，明月簾前度。
泠然解我煩，還恐幽蘭妒。
逸韻坐中飄，窗竹鳴蕭蕭。
曲罷林花落，餘音繞碧宵。

這樣的高手，便成了葉小鸞和她姐姐們的琴藝老師。姑姑對她們的琴藝悉心指導，精心點撥。小鸞一點即通，勤加練習，從此也擅長彈琴，琴聲清泠可聽，裊裊餘音繞梁不絕。小鸞的琴聲中更無半點煙火氣，可謂是「吹花嚼蕊弄冰弦」了。沈宜修喜之不盡，用嵇康「英聲發越，采采璨璨」的話來形容那琴聲。

明清時的閨中才女，有許多人多才多藝，除了詩詞文方面的修養，書畫方面的造詣也都很高。這是因為晚明以來，江南書香世家的閨中教育漸從閨訓詩話擴展到書畫琴棋等藝術領域，普通的吟詩作詞已經不能顯示出真正的才女風範。歷史學家夏咸淳稱：「明代中葉以後，士大夫凡百諸藝均有廣泛的愛好，而於書畫尤其偏愛」、「世人多愛重書畫，書畫價格驟增。」山陰才女王端淑就曾稱讚吳中才女吳綃「有才色，自詩文書畫以及百家技藝無不通曉」，而王端淑自己也是不僅工詩，還「善書畫，長於花草，疏落蒼秀」。葉小鸞自然也不例外。

葉小鸞善書法，其字飄逸雋美，筆力秀勁。她常把東晉衛夫人墨寶放在幾案上。後來臨王獻之書帖〈洛神賦〉，葉紹袁曾記錄道：「最喜寫〈洛神賦〉，所臨不下百本。」

葉小鸞十四歲時，舅父沈自炳得到三塊上好硯材，潤嫩有加。他將硯材做成三方硯「眉子、眉娘、眉珠」，送給三位才貌出眾的外甥女。葉小鸞得眉子硯，大姐葉紈紈得眉娘硯，二姐葉小紈得眉珠硯。葉小鸞非常喜歡這枚眉子硯。書載：「此硯長三寸，寬二寸，厚半寸餘，面有犀紋，形狀腰圓，硯池宛若一彎柳眉，故名眉子。」小鸞曾作二首七絕託工匠鐫於硯背，清麗秀潤：

其一

天寶繁華事已陳，成都畫手樣能新。
如今只學初三月，怕有詩人說小顰。

其二

素袖輕籠金鴨煙，明窗小幾展吳箋。
開奩一硯櫻桃雨，潤到清琴第幾弦。

除了書法，葉小鸞也擅長畫畫。「家有畫卷，即能摹寫。」筆下山水流瀑，落花飛蝶，極其精巧，亦帶幾分靈動風致，與她的詩文風格一致。沈宜修曾寫：「今夏君牧弟以畫扇寄余，兒仿之甚。」舅父沈君牧寄了一把畫扇給姐姐，小鸞便臨摹了一把，居然與原作相差無幾。

小鸞還善作題畫詩，詩畫結合，美不勝收。如七言古詩〈雲期兄以畫扇索題賦此〉：

春來處處盡芳菲，寂寂山花映水飛。
水色似明春月鏡，花光欲上美人衣。
子規啼老無人處，蝴蝶滿山紛落絮。
邈然青天不可攀，唯見江水流潺湲。
江外雲山幾曲重，丹崖翠岫交蒙茸。
霏微煙際桃花雨，氤氳香前薛荔風。
松聲一響度萬壑，下有幽人桂艇泊。
扣舷長嘯數峰青，臥看吹花巖下落。
沉沉溪畔石屏開，裊裊游絲綴綠苔。
碧羅倒掛亙千尺，深山寂靜真幽哉。
白雲千古悠悠在，獨坐對此心徘徊。
前溪流出胭脂水，疑是漁郎渡口來。

小鸞筆下的山水畫，有一種不食人間煙火的感覺。也許這幅畫本身就是一幅普通的山水畫而已，但小鸞在題畫時加入了自己投射的情感，她是借畫來寫自己理想中的仙境。在那畫中，處處芳菲，遍地山花，水色清明，花光照眼，杜鵑啼叫聲聲，蝴蝶起起落落，花香氤氳沾滿衣。青天，碧江，白雲，桃花，薜荔，這些意像在小鸞的筆下生動鮮活。而最後「前溪流出胭脂水，疑是漁郎渡口來」則是用〈桃花源記〉的典故，隱隱反映了小鸞內心真實的嚮往：到一個自由自在、沒有憂愁、處處花香的世外桃源。

另有一首〈鵲橋仙．題畫山水〉，風格和寫法也與〈雲期兄以畫扇索題賦此〉相似，意境曠逸開闊，但卻更顯得俏皮可愛，活潑灑脫，顯示出十幾歲少女的清新與活力。畫中近景是茅屋柴扉，山色青翠欲滴，蘆花搖曳，風聲寂然。遠景是雲樹朦朧，曲徑通幽，崎嶇難尋。山中水光淡淡，長松歷歷。那畫中之美，讓青春少女恨不得能縱身一躍，進入畫中：

柴扉不掩，翠微欲滴，斷岸蘆花風寂。遠峰雲樹兩朦朧，曲徑杳、崎嶇難覓。

平波淡淡，長松歷歷，玉洞仙床咫尺。閒來看盡思悠然，恨不得、將身飛入。

葉小鸞也喜歡把畫畫在摺扇之上。一把雪白摺扇上，葉小鸞素手輕描，隨意揮灑，便有了秀媚可人的畫。民國才子張中行喜歡收集明清閨秀摺扇書畫，葉小鸞的摺扇書畫是個中翹楚。

她曾寫過一首〈點絳唇．暮景〉，裡面就提到一句「閒去題花扇」：

薄卷紅綃，斷霞西角斜陽遠。晝長無伴，閒去題花扇。

獨倚欄杆，看盡歸鴉遍。輕雲亂，涼風吹散，新月中天見。

葉小鸞還有題繡扇、題畫扇、題畫屏的詩作。如〈題繡扇〉為：「芙蓉照水開，翠鳥依枝立。蝴蝶若憐風，盈盈香氣襲。」繡扇是女子閨房之物，比紙扇更為精致，繡的也多是魚、蟲、花、鳥等物，因此小鸞的筆風也與題紙扇時不同，顯得柔媚可喜。在她筆下，繡扇之上芙蓉照水，翠鳥依枝，蝴蝶隨風而來，似乎有花香自扇面裊裊而出。

她琴棋書畫樣樣皆通，雖然很少出閨門，但生活是極豐富的，這在她詩詞中都有表現，如彈琴「一曲瑤琴消午夢」，奏箏「日常深深理秦箏」，書法「近來聊喜學臨書」，吹簫「吹簫閒向畫屏前」，弈棋「拋擲瓊簫懶弈棋」等，琴、棋、書、畫、詩、酒、花、茶，這是一個閨閣才女優雅靜好的生活。

但葉小鸞也有不擅長的，就是不喜女紅。當時閨秀們都要學習刺繡等女紅，但小鸞對這些都不感興趣，母親來教授女紅的時候她也是不以為然。葉小鸞的〈浣溪沙．春思〉謂「一向多慵嫌刺繡，近來聊喜學臨書」，〈謁金門．秋雨〉謂「懶捻金針推指澀，繡床連夜溼」，更是直接表明了其無心紡績女紅。

但葉、沈兩大詩書世家向來寬和溫厚，注重文化底蘊，本來就不以女子女紅為重，父母對小鸞又極是憐愛欣賞，因此並未對她有所批評或者束縛。於是，小鸞平時並沒有什麼壓力，亦無多少瑣事，只是靜坐窗下，薰爐茗碗，默默與琴書為伴。

有了父母的理解和支持，葉小鸞的詩詞越發精進。在清人王昶編輯的明詞總集《明詞綜》裡，有八闋來自葉小鸞，位列女詞人中第一，王昶評價她的詩詞「皆似不食人間煙火者」。清代陳廷焯在《白雨齋詞話》中也說：「閨秀工為詞者，前有李易安，後則徐湘蘋。明末葉小鸞較勝於朱淑真，可為李、徐之亞。」

母親沈宜修誇獎她說：「汝非我女，我小友也。」父親葉紹袁也認為此女「自幼貌美聰慧，光彩耀目，見者稱羨」。詩書世家中，人人都以讀書為榮，以才學為重，小鸞每得好詞妙句，都會受到父母以及兄弟姐妹的讚賞。

這是小鸞無憂無慮、自由自在而又溫雅文藝的少女時光。十七歲以前，午夢堂裡，疏香閣內，筆墨之間，就是她的桃花源。

第三章 天生麗質：明代才女的絕世容貌

詠畫屏上美人　葉小鸞

鳥啼花落春歸去，簾外薔薇一架香。
分付侍兒微雨後，好移芍藥向東廊。

裊裊素姿，亭亭香閣

葉小鸞「自恃穎姿，能飲酒，善言笑，瀟灑多致，高情曠達，仁慈寬厚」，彷彿是《紅樓夢》中黛玉與湘雲的化身。陳去病曾稱葉小鸞「尤明豔若仙」。但小鸞又跟尋常少女大不一樣，雖然天生麗質、姿容秀美，卻並不把自己的美貌放在心上。

平日裡，葉小鸞獨愛清幽恬靜，不戴華麗首飾，不穿貴重羅裳，平日裡梳妝，不過一支素簪而已。淡淡妝，舊衣潔服，卻依然有傾國之姿，不減秀色，只是專心筆墨。母親讚她「性高曠，厭繁華，愛煙霞，通禪理」、「衣服不喜新」、「然又非纖嗇，視金錢若浼，淡然無求，而濟楚清雅所最喜矣」。父親也說她「首無璣珥之耀，衣無羅綺之容，鬒髮素簪，舊衣淡服，天姿潔修，自然峻整」。

這淡妝雅韻的風格，又似是《紅樓夢》中的寶釵。《明詞史》云：「小鸞之為人，貞靜閒雅，不事脂粉，似專以詩詞為生活。」

葉小鸞這樣的個性，也是遺傳自她的母親沈宜修。葉紹袁這樣描寫沈宜修：「風儀詳整，神氣爽豁，瀟灑曠逸之韻，如千尺寒松，清濤謖謖，下蔭碧澗，纖草可數，世俗情法，夷然不屑也。濃眉秀目，長身弱骨，生平不解脂粉，家無珠翠，性亦不喜豔妝，婦女宴會，清鬢淡服而已。然好談笑，善詼諧，能飲酒，日蒔佳卉，藥欄花草，清晨必命侍女執水器櫛沐。」葉小鸞隱隱有乃母之風。

有一天清晨，葉小鸞起得很早，便走到母親房裡，侍立在床前。她膚光勝雪，明眸如星，雲鬢散亂，烏亮的秀髮如絲緞一般披在肩上，輕軟可愛。而暖色的朝霞又透過窗戶淡淡地灑在少女臉上，別有一番風韻。她美得像是一座玉雕，可玉雕又哪來她這樣的靈動神采？

母親見了如此美貌的女兒，忍不住滿心喜歡，打趣道：「孩兒平常我說你漂亮，你還不高興呢，現在你蓬頭散髮也這樣美麗，真所謂笑笑生芳，步步移妍，我見了都心中喜悅，日後有了郎君，還不知怎樣愛惜你呢！」

小鸞卻正色對母親說：「女兒不喜歡別人誇我漂亮，怎麼連母親你也來取笑我呢？」

父親葉紹袁也曾忍不住稱讚女兒的美貌說：「我孩兒有絕世之姿」、「十七年裊裊素姿，亭亭香閣」、「房櫳動處，玉女天來，衣帶飄時，素娥月下」。小鸞卻對父親的稱讚也是不滿，說：「女子即有傾城之色，也不值得當成是貴重的東西，父親何必加在孩兒身上呢？」

才貌雙全的小鸞也獲得了親朋好友的許多愛憐稱讚。舅父沈自徵稱讚她「規旋矩折，神姿不凡，玉秀花明，光采耀目」，又稱她「不喜華飾，玉容明秀，額致亭亭，慈仁寬厚」。另一舅父沈自炳在〈返生香序〉中對葉小鸞是這樣描述的：「生而靈異，慧性夙成；長而容采端麗，明秀絕倫。翠羽朝霞，同於圖畫；輕雲迴雪，有似神人。」

葉小鸞十四歲時，母親帶她去看舅父沈自炳。沈自炳看到初長成的外甥女，只覺眼前一亮：小少女櫻口杏眼，眸子純澈如水，亮如辰星，雙眉纖纖如同新月，眉宇間又有一縷清靈之氣。一張臉秀麗絕俗，竟無半點人間煙火氣息。一時間，沈自炳彷彿看到了正值韶華的姐姐沈宜修，而眼前這小少女的美貌，又彷彿在姐姐之上，真是「青出於藍而勝於藍」。

於是，沈自炳忍不住寫下一首詩相贈，其中有「南國無雙應自貴，北方獨立詎為慚？飛去廣寒身似許，比來玉帳貌如甘」之句，詩裡盛讚小鸞的美貌，從服飾，到容顏，到聲音都進行了細緻的刻畫。但葉小鸞看到這首詩之後也並不高興。母親問她為何，她說：「為何要這樣重視女子之色呢？難道女子生來就是為了供人欣賞的嗎？人應該以才德為上，唯才方可美之。」這也是她來自女性自身的覺醒，可說是具有超越時代的意義。她從來不喜別人讚其美貌，見解之中也暗含著反抗意識。

但這並不說明葉小鸞不重視美，實際上葉小鸞也有愛美之心，並且對女性之美有獨到見解。她認為女子之美應該是天然風韻之美，並不是胭脂水粉可以堆砌出來的。女子之美出自於內心，並不為取悅別人，而是自然散發的魅力。她的詩文辭賦也洗淨鉛華，清麗別緻，和她的人一樣，真是「文如其人」。大姐葉紈紈〈哭瓊章妹〉有句「自喜均非脂粉群，笑談風月共羅裙」，便是說小鸞的詩文洗盡鉛華呈素姿，毫無脂粉氣。

黛拂春愁，笑分花靨

有一年，葉小鸞模仿六朝劉孝綽的《豔體連珠》，作了八首〈擬連珠〉，分別吟詠女子的髮、眉、目、唇、手、腰、足及全身：

一是髮：蓋聞光可鑑人，諒非蘭膏所澤；髻餘繞匝，豈由脂沐而然？故豔陸離些，曼鬋稱矣；不屑髢也，如雲美焉。是以瓊樹之輕蟬，終擅魏主之寵；蜀女之委地，能回桓婦之憐。

二是眉：蓋聞吳國佳人，簇黛由來自美；梁家妖豔，愁妝未是天然。故獨寫春山，入錦江而望遠；雙描斜月，對寶鏡而增妍。是以楚女稱其翠羽，陳王賦其聯娟。

三是目：蓋聞含嬌起豔，乍微略而遺光；流視揚清，若將瀾而詎滴。故李稱絕世，一顧傾城；楊著回波，六宮無色。是以詠曼睩於楚臣，賦美盼於衛國。

四是唇：蓋聞菡萏生華，無煩的絳；櫻桃比豔，豈待加殷。故梟梟餘歌，動清聲而紅綻；盈盈欲語，露皓齒而丹分。是以蘭氣難同，妙傳神女之賦；凝朱不異，獨著搗素之文。

五是手：蓋聞似春筍之初萌，映齊紈而無別；如秋蘭之始茁，傍荊壁而生疑。故陌上採桑，金環時露；機中織素，羅袖恆持。是以秀若裁冰，撫瑤琴而上下；纖如削月，按玉管而參差。

六是腰：蓋聞玉珮翩珊，恍若隨風欲折；舞裙旖旎，乍疑飄雪餘香。故江女來遊，逞羅衣之宜窄；明妃去國，嗟繡帶之偏長。是以楚殿爭纖，最憐巫峽；漢宮競細，獨讓昭陽。

七是足：蓋聞步步生蓮，曳長裾而難見；纖纖玉趾，印芳塵而乍留。故素穀蹁躚，恆如新月；輕羅婉約，半蹙瓊鉤。是以遺襪馬嵬，明皇增悼；凌波洛浦，子建生愁。

八是全身：蓋聞影落池中，波驚容之如畫；步來簾下，春訝花之不芳。故秀色堪餐，非鉛華之可飾；愁容益倩，豈粉澤之能妝？是以蓉暈雙頤，笑生媚靨；梅飄五出，豔發含章。

小鸞用了李夫人、楊貴妃、洛神、神女、明妃、江女、衛子夫等多個美人的典故，語言婉麗清美，秀雅多姿，如明清畫家筆下的一幅工筆仕女圖。其中寫美人明眸，以流轉生輝為美，「故李稱絕世，一顧傾城；楊著回波，六宮無色」。

詩寫成後，葉小鸞請母親指教。沈宜修閱後極為欣賞，也欣然提筆按小鸞所寫的各部分作成一組連珠詩。但沈宜修自認為這組詩不及女兒寫得好，在《擬連珠》的小序中說：「劉孝綽有《豔體連珠》，季女瓊章仿之，作以呈余。余為喜甚，亦一拈管，然女實仙才，余拙不及也。」

葉紹袁在讀過母女二人的作品後，只覺滿紙光華流動，也不自禁地作了和詩，但也認為母女二人的詩才遠在自己之上，而自己的和詩「無瓊章之清麗與內子之流雅，手篦腕硬不足傳也」。

葉小鸞博覽群書，通曉古代美人典故，而她自己天生麗質，生得極美，因此對古代美人有一種惺惺相惜的欣賞。她還曾作過一首〈偶見雙美同母及仲姊作〉，幾乎句句用古代美人的典故，含有一種生動的俏皮感：

昔年西子應慚獨，今日東鄰卻遇雙。
黛拂春愁爭對鏡，笑分花靨共窺窗。

若非拾翠來湘水，定是遺珠涉漢江。
宋玉多情曾賦否？高唐神女亦心降。

葉小鸞也曾作有十首〈詠畫屏上美人〉，題詠的是畫屏上的十個美人。美人是靜態的，而葉小鸞想像美人之音容笑貌、動作心理，從動態中進行描述，展現出少女靜謐美好的閨中生活。詩中描繪了各種生動的小女兒情態，如觀花弄草、花前彈琴等，是說不盡的靈動嬌俏，青春洋溢。而詩中美人，或多或少也投射了她自己的影子，清麗秀雅，淡淡清愁，浸透著一縷憂鬱之美。

其一

鳥啼花落春歸去，簾外薔薇一架香。
分付侍兒微雨後，好移芍藥向東廊。

其二

曉妝初罷出房櫳，閒看庭花樹樹紅。
立久暗多惆悵事，好將春意付東風。

其三

閒尋女伴按秦箏，休向花前訴有情。
共笑嫦娥偏習靜，夜深人寂倍清明。

其四

繡鞋徐步踏青時，流水橋西弄柳絲。
猶見梅梢鎖殘雪，杏花幾日放胭脂。

其五

湖山石畔草萋萋，兩兩流鶯繞院飛。
侍女戲拋紅豆打，教他飛向柳枝啼。

其六

紅羅錦帳美人閒，水浸梅花畫閣間。
冽冽寒風吹朔雪，高樓征婦怨關山。

其七

庭雪初消月半鉤，輕漪月色共相流。
玉人斜倚寒無那，兩點春山日日愁。

其八

曲欄杆畔滴芭蕉，淺恨深情束細腰。
香煙一縷愁千縷，好付春心帶雨飄。

其九

獨坐清齋小篁幽，紫薇香暖透簾幬。
沈腰潘鬢都應假，只有多情宋玉愁。

其十

昨夜纖纖雨過時，強扶春病看花枝。
無聊獨倚湖山畔，蝴蝶雙飛那得知。

第四章

四季流韻：詩詞中的閨中世界與時光之美

虞美人影・春日　葉小鸞

海棠睡惹流鶯惱，又是清明過了。楊柳水邊多少，愁緒縈芳草。

杜鵑枝上東風悄，碧玉欄前人杳。一夜綠嬌紅老，只怨春歸早。

弄花爭草，紛然笑語

對於小鸞的卓越才情，沈宜修曾評價說：「瓊章小時，即教之讀《離騷》、古今詩詞，故清才曠致，殊有妗母風焉。」母親認為小鸞有才是小鸞舅母從小悉心教導的緣故，但實際上，葉小鸞受父母影響更深。

葉小鸞回到父母家中後，父母親自指導其詩文，家中洋溢著自由平等的氣氛和翰墨書卷的氣息，其樂融融。她和父母、兄弟姐妹之間，關係更多的是像文友，常常詩文酬唱，每有佳句妙詞，大家都欣然稱賞。

生活在這樣一個文學、藝術氣氛濃郁的書香世家，葉小鸞具有了豐富細膩的感情。她本來就聰慧靈雋，敏感多思，隨著年齡的增長，她在文學上的才華日益顯現，並在兄弟姐妹中脫穎而出，因而愈加得到父母的寵愛。父母對她有很高的期望，希望她能像前代才女一般文史留芳。

葉小鸞從十歲歸家，到十七歲早逝，這七年，是她快活無憂的時光。午夢堂內遍栽花木，四季分明，草木芬芳，清景無限。而家中父母和睦，祖母慈愛，手足情深。她寫了大量清麗詩詞，來描繪午夢堂中的靜好歲月。這些創作，源於她對於生命本身的感發，而這些詩詞裡，則充溢著她對於創作本身的一種欣悅和自娛之情。

葉小鸞在葉家住的是疏香閣，閣外周植梅花、海棠、芭蕉、修竹，閣裡臨床一張幾案，上置文房四寶，牆邊書帙滿架。這著實像《紅樓夢》中林黛玉的書房，疊著滿滿的書，不見脂粉香氣，只有滿屋子的翰墨書香。想那《紅樓夢》中，劉姥姥都無法相信這是女兒閨房，只說：「這哪像個小姐的繡房，竟比那上等的書房還好。」

小鸞很鍾愛這間屬於自己的清淨天地，日日在這裡撫琴下棋，吹簫弄笛，吟詩作賦，少女的心裡便溢滿歡喜。她曾作一首〈鳳來朝．春日書懷近作〉，就是寫此時閨中的閒適生活：

小院閒無事，步花陰，嫩苔雨漬。弄明光幾疊琴弦膩，曲欄畔、清河似。
靜對聖賢書史，一爐香盡消夢思。翠幕外、東風起，不覺又欲暝矣。

春日裡，小鸞走出疏香閣，在幽靜的花陰裡緩緩漫步，看雨水浸潤青苔。然後回到疏香閣，靜靜調琴看書，沉醉其中，不知時光之流逝。待到一爐香已燃盡，東風輕輕吹起翠綠色的帳幕，方才驚覺，不知不覺，一天又過去了。

歷史學家王國維在《人間詞話》中說：「有我之境，以我觀物，故物皆著我之色彩。」小鸞的詩詞中，多為「有我之境」，詩詞中的四季流轉、一草一木無不浸染了她的氣質與風神。

世間的萬事萬物在她心裡，都是玉石一般瑩潔、輕靈而又微妙的，且帶有一絲淡淡的憂傷。閨閣少女的世界，一派潔淨溫柔，清麗雋永，纖塵不染。在她的詩詞之中，有很多是關於四季詩意與時光流逝的。

早春初露。清晨，葉小鸞春睡初起，睡意仍濃，睡眼惺忪地攬鏡梳妝，梳起一頭如雲秀髮，只斜斜簪了一根素簪，鏡子裡的少女靈氣逼人。爾後她徐徐走出疏香閣，獨自立在風中。只看那杏花如同曉天明霞，花瓣在風中紛紛揚揚，便如微雪一般。

小鸞心醉神迷，只覺春色如畫。她作下了〈小重山．曉起〉：

春夢朦朧睡起濃。綠鬟浮膩滑，落香紅。妝臺人倦思難窮。斜簪玉，低照鏡鸞中。徐步出房櫳。

閒將羅袖倚，立東風。日高煙靜碧綃空。春如畫，一片杏花叢。

關於春季，葉小鸞也寫有輕鬆明快的詩詞。一個春日，葉小鸞在疏香閣臨了幾頁帖，疏香閣的綺窗飄進來數枚嬌豔的桃花花瓣。葉小鸞禁不住心有所動，於是便擱下筆，走到庭院中來。陽光柔暖，花香襲人，芳草茵茵，蜂蝶亂紛紛地圍著鮮花飛舞，風一吹來，粉色花瓣飄落在秀髮上，小鸞輕輕把花瓣取了下來，但花瓣的馥郁芬芳已經留在了頭髮上。

這花瓣所帶來的春日滿盈盈的新鮮氣息令小鸞也頗感振奮，於是就拉上姐妹們一起出遊。只見春色醇如酒，草地輕軟，楊柳依依。姐妹們把駿馬繫在垂柳之下，就自由自在地開始踏青。

回到疏香閣內，葉小鸞揮筆寫下了一首〈滿宮花．詠遊春人〉，寫的便是她在春日風景裡的所見所感：

日融和，花媚嫵，粉蝶搖枝嬌舞。輕風吹落小桃紅，燕子銜歸繡戶。

草芊綿，人容與，共羨春光如許。紫騮金勒繫垂楊，拾翠尋芳伴侶。

又比如這首〈浪淘沙．春景〉，也是寫得纖美新妍：

楊柳弄柔黃，縷縷纖長。海棠風醉豔紅妝。折取一枝歸繡戶，細玩春光。

春日對春妝，鶯燕笙簧。橫塘三月水流香。貼水荷錢波動處，兩兩鴛鴦。

楊柳柔黃，縷縷纖長，海棠紅妝，暖風燻人醉。葉小鸞折了一枝鮮花回到閨房之中，細細賞玩這明媚春光。這枝花上，凝聚著的是整個庭院裡的春意。

春天裡，鶯飛燕舞，鳥鳴聲聲。少女們也化了清新的春妝，不知道哪裡的花蔭之中裊裊傳來笙管之聲。這陽春三月的流水，散發著馥郁的花草香氣。圓圓的荷葉貼在水面之上，有鴛鴦雙雙對對在水上嬉戲。

好像是一幅色彩飽滿的春日工筆圖，剛剛畫就，還墨汁淋漓。

小鸞另有〈菩薩蠻．春日〉一首：

輕煙一抹連天碧，簾前規月和煙白。翠竹落梅疏，相憐雪霽初。

博山香欲燼，風透紗窗冷。四望寂寥寥，閒階花影搖。

輕煙連天碧，簾前月皎潔，翠竹輕擺，落梅疏疏。博山爐中的沉香漸漸燃盡，綠紗窗裡透進來一縷細細的涼意。四望空寥，臺階上花影在輕輕搖曳。整首詞透出一種空靈蘊藉的美。

葉小鸞寫這些詞，都清新靈俏、輕柔細膩，並無半點脂粉氣息。在〈蝶戀花．蘭花〉詞中，葉小鸞就曾說道：「自道全無脂粉氣。」這既是說眼前的蘭花，也是說自己，以及自己的文風：

碧玉裁成瓊作蕊。馥郁清香，長向風前倚。楚畹當年思帝子，紫莖綠葉娟娟美。
自道全無脂粉氣。笑殺春風，紅白勻桃李。幽谷芳菲誰得比，猗猗獨寄琴聲裡。

《宮閨氏籍藝文考略》中評價葉小鸞詞：「詩餘清麗相當，而時有至語。」

早春二月，疏香閣外梅花幽幽吐豔，清香撲鼻。葉小鸞清晨開啟窗戶，深深吸了一口氣，不由得心神俱暢。她忽然聽到簾子一響，嬌俏侍女舉著一枝剛剛折下的梅花跑了進來。小鸞忙伸手接過，只見梅花玲瓏可愛，清香浸衣。侍女將梅花在花瓶中細心插好，小鸞這邊已經鋪紙蘸墨，作下一首七言律詩〈早春紅于折梅花至偶成〉：

遲遲簾影映清霄，日照池塘凍若消。
公主梅花先傅額，美人楊柳未垂腰。
紗窗繡冷留餘線，綺閣香濃繞畫綃。
試問侍兒芳草色，階前曾長翠雲條？

溫煦的陽光淡淡照在疏香閣的幕簾之上，也照在庭院裡的池塘中。池塘的冰凍已經快融盡了，梅花已經全部開放了，梅花花瓣可以墜落在公主額前作一個嬌媚的梅花妝了。而如同美人髮絲一般的楊柳柳枝剛剛抽條，還未垂下來。紗窗上的繡線仍然浸著清冷的春風，而疏香閣裡的畫上卻已經縈繞著濃郁芬芳。小鸞忍不住去問侍女紅于，臺階前，有沒有生長長的翠雲一般的綠絲蘿？

在這裡，葉小鸞用了梅花妝的典故。《太平御覽》中記載，南朝宋武帝的女兒壽陽公主有一日臥於含章殿簷下，梅花飄落，暗香縈繞。在她不經意的時候，有一朵梅花正巧落到了她的額上，成五出之花，拂之不去，像是繪在她眉間一樣，精緻可愛。壽陽公主便以此為妝。宮人都覺更增其美，於是爭相模仿。後世的梅花妝便從此而來。

後來，葉紹袁在這首詞後面標注：「紅于，其隨身侍兒，平日所最憐惜者。」紅于是小鸞的隨身侍女，但小鸞並不把她看成下人，而是把她當成最好的朋友。小鸞親自教授紅于詩詞。紅于也有慧根，一點就透，有點類似於《紅樓夢》中黛玉教香菱作詩。黛玉也並不把香菱看作一個丫鬟，而是一位靈心慧質的可塑之才，悉心教導，終於讓這個正值青春的少女感受到了詩詞的靈性之美。葉小鸞對紅于，大約也是如此吧。

因此，紅于也通詩詞，小鸞逝世後，紅于歸家，嫁給了一位士人，有作品流傳於世。

昨夜疏風，今朝細雨

但在葉小鸞的詠春之作中，清新歡快的其實比較少，更多的是傷春惜春，透露出隱隱的宿命意識。如這首〈玉樓春．春寒〉：

南園蝴蝶飛無數，滿院春寒簾幕護。深深人在小樓中，悄悄花開寒食路。
映階日色時將午，添得羅衣窗影暮。寂寥孤館閉閒春，但見斜陽窺繡戶。

「悄悄花開寒食路」，寒食節亦稱「禁煙節」、「冷節」、「百五節」，在夏曆冬至後一百零五日，清明節前一二日。是日禁煙火，只吃冷食。在小鸞的筆下，春天並沒有呈現出那種「陽春三月，江南草長。雜花生樹，群鶯亂飛」或者是「紅杏枝頭春意鬧」的熱鬧紛繁，而是幽靜的、空靈的。

寒食細雨，小鸞在池邊散步，忽然池上吹來一縷柔暖春風，但把花瓣吹落了一地。紅花凋落一地，綠葉也顯得有幾分憂傷，彷彿也在為花落而愁怨。天上流雲，地上輕霧，一切都顯得有些迷蒙。已經是寒食時節，恰逢雨天，梨花上點點細雨，如美人含淚，這樣的天氣，還是閉門不出吧。細雨之後，斜陽淡淡地照在芳草之上，於是出來在庭院散步，只覺心中湧動著微微的憂愁。既然有些情感自己難以掌握，索性就把這些交給春神「東君」做主。西風一起，柳絮飄揚，如千絲萬縷的愁緒，正如少女心中的小憂傷一樣驅散不盡。她此時的心思，便付諸這首〈蝶戀花．春愁〉之中：

驀地東風池上路。綠怨紅消，竟是誰分付。不斷行雲迷楚樹，閉門寒食梨花雨。
雨後斜陽芳草處。閒把情懷，付與東君主。便向西園飄柳絮，不能飄散愁千縷。

又如這首〈踏莎行．閨情〉：

昨夜疏風，今朝細雨，做成滿地和煙絮。花開若使不須春，年年何必春來住？
樓外鶯飛，簾前燕乳，東君漫把韶光與。未知春去已多時，向人猶作愁春語。

前一天晚上一直在刮風，而這天清晨便下起了細雨，葉小鸞推窗而望，以為會看到落花成塚，結果眼前只有落了滿地如煙似幻的柳絮。春天裡如果不開花的話，那為何要年年迎春呢？樓外黃鶯飛上飛下，簾前燕子在哺飼幼雛。葉小鸞忽然回過神來，春天已經逝去很久了，自己還在作愁春之語呢。這時光，真是過得太快了！東君是司春之神，也指太陽神，暗指飛逝的美好時光。

這首詞的詞意似是化自宋代李清照的〈如夢令〉：「昨夜雨疏風驟，濃睡不消殘酒。試問捲簾人，卻道海棠依舊。知否知否？應是綠肥紅瘦。」而十幾歲的葉小鸞在意象的選擇上顯得更為雋永空逸。「疏風」、「細雨」、「煙絮」、「鶯飛」、「燕乳」，讓人感受到少女的清新活力。

沈宜修有「明代李清照」之稱，小鸞和姐妹們寫詞也多受李清照影響。葉小鸞〈水龍吟．秋思〉中的「想江頭木葉，紛紛落盡，只餘得，青山瘦」，〈踏莎行．秋景〉中的「斷雲飛盡碧天長，數枝煙柳斜陽瘦」，〈虞美人．看花〉中的「昨宵細雨催春驟，枕上驚花瘦」，〈千秋歲．即用秦少游韻〉中的「慵嫌金葉釧，瘦減香羅帶」等，運用「肥」、「瘦」二字來形容所寫之物的手法都來自於李清照的「綠肥紅瘦」。

又比如這首〈踏莎行．早春即事〉：

簷畔梅殘，堤邊柳細，暖風先送遊人意。流鶯猶未弄歌聲，海棠欲點胭脂醉。

鳥踏風低，煙橫雲倚，湘簾常把春寒閉。無端昨夜夢春闌，絲絲小雨花為淚。

梅花飄零，柳葉細細，暖風習習。黃鶯的歌聲清脆流麗，海棠花像是塗了胭脂一般美得醉人。睡在湘簾之內，隱隱能感覺得到沁人的春寒。而簾外還飄著絲絲小雨，像是花流下的點點滴滴的淚。

葉紹袁在詞後批注：「十六七歲女子，正如花之方苞、春之初豔，無端而夢春闌小雨，而為花淚，總是不祥。」十六七歲的女孩子，正是美好的生命剛剛開始的時候，如同正準備綻放的花苞、徐徐拉開序幕的春天。而小鸞在詞中透露出來的更多是憂傷，覺得那絲絲春雨是花流下的淚。比喻雖然新巧，但父親認為其中卻隱隱透露出不祥。與其他快樂無憂的青春少女不同，小鸞的作品總是凝著一縷風露清愁。

這和她的經歷是密切相關的。幼時，她就到了一個陌生的環境，舅父、舅母關係不睦，後來又經歷了與舅父的生離、與舅母的死別。她秉性靈慧，卻這麼早就面對生死這個大命題，對人生、對命運有著超越年齡的見解和感悟。她的心事很深，思緒很多，而這些，她的父母和姐妹卻並不了解。

作為一位初長成的小少女，葉小鸞天性熱愛大自然，熱愛春天，對愛情也懷著一份隱祕的憧憬和嚮往。但是她也感覺到生命中美好的一切就如同春光般易逝而難以挽留，她在詞中曾經有過感嘆：「流水年華容易老，秋月春花，總是知多少。」相對於其他青春少女來說，葉小鸞多了一份早慧的憂愁。

有一天夜晚，葉小鸞獨自坐在閨房中看書，燻爐裡的沉香漸漸燃盡了，滿室幽幽香氣。萬籟俱靜，葉小鸞也微微有些困倦，星眸惺忪，幾乎要合目睡去。

忽然聽到一縷簫聲嗚嗚咽咽、如訴如泣地傳來，似乎在訴說著某種無可名狀的閒愁。小鸞側耳傾聽，那簫聲若有若無，恰恰就在此時，窗外淅淅瀝瀝地下了一陣急雨，隔著簾聽到微雨打在芭蕉上，小鸞不由得湧起了一陣憂傷。於是，那天晚上，她端坐到書案前，寫下了一首清麗小詩〈雨夜聞簫〉：

紗窗徙倚倍無聊，香燼金爐懶更燒。
一縷簫聲何處弄，隔簾微雨溼芭蕉。

清明節過後，小鸞去賞花。海棠花嬌豔，如春睡未醒，卻像是把黃鶯惹惱了一般，鳴叫不止。此時楊柳旁的湖水漲上來了。岸旁芳草連天，如同愁緒一般綿延不盡。春風吹來，杜鵑花顯得更加嬌俏了，但它的美卻沒有什麼人來欣賞，碧玉欄前遊人很少。於是，小鸞寫下一首〈虞美人影．春日〉：

海棠睡惹流鶯惱，又是清明過了。楊柳水邊多少，愁緒縈芳草。
杜鵑枝上東風悄，碧玉欄前人杳。一夜綠嬌紅老，只怨春歸早。

雖然是抒發愁緒，但是整首詞卻給人一種清涼剔透的感覺，如一枚綠色輕盈的薄荷葉。

葉小鸞的詞以春為題的有〈浣溪沙〉八闋，分別描寫早春、春思、春閨、春暮、春夜等。清人陳廷焯《雲韶集》中評道：「〈浣溪沙〉諸闋，無不哀豔芊綿，卻是神仙中人語，無一字凡間人道得出來，真不輸韓夫人赤城仙也。」

〈浣溪沙．早春〉是輕鬆而明亮的，玲瓏如早春初露一般：

燈夕初過冷未平，乍看今日試微晴，東風已解向人迎。
梨蕊幾時飄弱韻，柳條如欲蕩柔情，隔牆何處按歌聲。

剛剛過了正月十五，空氣中依然有絲絲寒意。忽然發現今天天氣已經轉晴，東風撲面，有柔暖之意。而院裡的梨花已經悄然綻開了，纖細的梨花花蕊顫巍巍的，很是惹人憐愛。楊柳的柳枝輕輕在風中搖擺，似有柔情繾綣。牆外，忽然傳來清亮的歌聲，原來，不知道是哪位少女，也被這初綻的春光所感，竟禁不住放聲歌唱起來。這首小詞滿蘊著早春清麗的氣息，展現出少女歡悅的心情。這時的葉小鸞，才更符合她本來的年齡。那位放歌的少女，也許是深得她們母女喜愛的侍女隨春吧。

〈浣溪沙．春閨〉則又是抒發無可名狀的憂愁了：

曲榭鶯啼翠影重，紅妝春惱淡芳容，疏香滿院閉簾櫳。

流水畫橋愁落日，飛花飄絮怨東風，不禁憔悴一春中。

亭臺樓閣，翠影重重，間或傳來黃鶯清脆的啼囀之聲。庭院裡的花都開了，如少女紅妝，芳香淡淡。而疏香閣裡的門簾卻低垂著，那裡面的少女獨自在閨房中憂愁。她是在憂愁什麼呢？夕陽西下，黃昏中的少女剪影，清妙優美。她靜靜地看著落日中的流水畫橋，飛花飄絮。春光雖好，但是易逝呀。念及於此，不由憂愁得憔悴消瘦了。

寫春閨的還有這首〈蝶戀花．春閨〉：

春半餘寒猶未褪。雨雨風風，賺得清明近。楊柳垂腰消酒困，海棠點靨藏春暈。

一樹桃花紅雨陣。片片飛來，鋪盡蒼苔印。燕子不歸難借問，東風易去還因甚。

春日已經過半，但冬天的寒意仍然未褪盡，在淅淅瀝瀝的細雨中，清明節也漸漸近了。柳枝已經茂密濃碧了，像是從酒醺中醒來，海棠花如少女臉上的點點笑靨，藏進了她頰上的紅暈之中。一樹桃花開得正濃，風一吹來，蒼苔上都落滿了嬌嫩的花瓣。燕子還沒有回來，想問它什麼也問不到了，我想問的就是，為什麼春風這麼容易吹過，春天這麼容易逝去呢？

葉小鸞文字向來「輕巧尖新」，這首〈蝶戀花．春閨〉中的「楊柳垂腰消酒困，海棠點靨藏春暈」，的確也很得李清照的神韻。詞句情感細膩，情思空靈，這是一個少女純美清新的精神世界。

春日午睡初起，小鸞推窗一望，只見竹林幽靜，浮著淡淡的煙霧，薜荔映了滿牆綠意。柳枝輕輕搖曳，鳥不時鳴叫。於是，小鸞端坐在小窗之下，素手輕撥，一曲瑤琴，叮叮咚咚，讓人從午夢中悠悠醒來。閨房中半爐沉水香薰出春之芬芳，調和成一片春日的寧靜恬然。漸漸地，夕陽西斜。餘暉照在瑤琴之上，小鸞抬起頭來，望向窗外。原來不知不覺，又彈琴彈了一個下午。於是，她用一首〈浣溪沙．小窗即事〉記錄下了這個散發著淡淡春愁又幽雅安靜的下午：

一曲瑤琴消午夢，半爐沉水爇春香，倚欄無語又斜陽。

小鸞在〈玉蝴蝶．春愁〉裡，寫那些催花小雨，芊芊芳草，流紅泛去，又是一片春愁：

夢破曉風庭院，粉牆花影，睡起懨懨。幾日雙娥愁損，鏡裡春尖。看盡他、鶯梭柳線，都織就、霧錦雲縑。最難忺，催花小雨，依舊廉纖。

堪憐，韶光淑景，芊芊芳草，寂寂鉤簾。燕子歸來，花香都向綠琴添。散閒愁、流紅泛去，消酒困、溼翠飛黏。怯春衫，香烘裊裊，袖護摻摻。

〈浣溪沙．送春近作〉是春光將逝時所作：

春色三分付水流，風風雨雨送花休，韶光原自不能留。

夢裡有山堪遁世，醒來無酒可澆愁，獨憐閒處最難求。

那春季快接近尾聲，落花紛飛，有三分春色都付諸了流水。春光再好，再怎麼珍惜，總有三分會被浪費。風雨之中，落花凋零殆盡。原來春光是強留不住的。夢中青山隱隱，還可暫時逍遙自在，但是醒來之後，又要面對這春光易逝的事實，卻是無酒可以澆愁，只好獨自在春閨憂愁著。葉紹袁語：「凡壬申年作，俱此等語，真不解何故。問天天遠，如何如何！」春暮，落花紛紛，杏花飄灑如雪，小鸞眷戀春光，寫下了一闋〈杏花天．春暮〉：

翠煙無意撩書幌，帶芳草、侵雲漸長。晚風初作落花聲，九十將闌未賞。
南園路、風光暗想。聽喚雨、鳴鳩兩兩。小池水皺萍漪綠，泛得紅香惝惘。

芳草依依，流雲曼動。晚風襲來，落花輕軟。獨自在南園路慢慢走著，聽到雨中有斑鳩的幾聲鳴叫。葉小鸞走到池邊，見水波微興，碧綠色的漣漪輕輕泛開。

春日裡，她在午夢堂漫步，於池畔看到了一朵芙蓉花，又由芙蓉花想到了《古詩十九首》中的「涉江採芙蓉」、「歲月忽已晚」的句子，便寫下了一首〈池畔〉：

涼風襲輕袂，徘徊臨前池。
欄花映日發，婀娜餘芳姿。
澄波燦明鏡，照我幽人思。
我思在霄漢，飆舉任所之。
但恐歲月晚，相看淚如絲。
試採芙蓉花，何如茹隱芝？

涼爽的風輕輕吹拂著她春日裡輕薄的衣裳，而她獨自徘徊在池塘前面。這池子裡的花映著日光，越發顯得婀娜多姿。而池水澄澈碧青有如明鏡，照耀著她清麗的容貌、深思的雙眸。這少女的心呀，早已經飛到九霄雲外，隨風飄蕩，任意東西。

然而，等她回過神來，回到現實之中，又生出了無名的惆悵。時光荏苒，歲月如梭，雖然現在青春正好，但是也怕有一天歲月老去。她禁不住問芙蓉花，哪裡才能找到令人長生的靈芝呢？

〈生查子．送春〉，意境開闊飄逸，但底子仍是憂愁的：

風飄萬點紅，零落胭脂色。
柳絮入簾櫳，似問人愁寂。
憑欄望遠山，芳草連天碧。
深院鎖春光，去盡無尋覓。

暮春時節，風一吹來，桃李嬌杏，萬點花瓣，隨風而舞，猶如胭脂點點，零落滿地。柳絮飄進簾內，彷佛是在詢問少女為何如此哀愁。少女無言，獨自憑欄遠望，只見芳草碧色連天，這深深庭院中的春光終究也是鎖不住的。待到春光去盡，又當往何處追尋呢？

黃昏中，花影斜斜晃動，暮色侵入窗紗，一輪皎月正在徐徐升起，照耀著遠處如同少女髮髻一般的山巒。葉小鸞對著菱花鏡靜靜看著自己的容顏，又生出傷感來。她寫下了〈浣溪沙．春暮〉：

曲曲欄杆繞樹遮，半庭花影帶簾斜，又看暝色入窗紗。
樓外遠山橫寶髻，天邊明月伴菱花，空教芳草怨年華。

「又看暝色入窗紗」語出謝靈運〈石壁精舍還湖中作〉詩：「林壑斂暝色，雲霞收夕霏」、「樓外遠山橫寶髻」語出王勃〈臨高臺〉詩：「為我安寶髻，娥眉罷花叢。」

庭院之內，鶯燕紛紛飛舞鳴叫著，小鸞黃昏中對鏡梳妝，倦然倚門。只見青草寂寂，楊柳枝在風中飄拂，似乎要挽住餘曛。

於是寫下了一首〈浪淘沙．春閨〉：

終日掩重門，鶯燕紛紛。晝眠微醒覓殘魂。強起亭亭臨鏡看，重整雙雲。
倦倚碧羅裙，又早黃昏。侵階草長舊愁痕。唯有垂楊千尺線，綰住餘曛。

這首詞中的心境，也是《紅樓夢》中湘雲柳絮詞裡「春且住」、「莫使春光別去」的意味。柳垂金線、桃吐丹霞、鶯歌燕舞的大好春光中，葉小鸞「倦倚碧羅裙」，想的不是如何享受這大好春光，而是一再憂慮春光的不可挽留。

雖然小鸞的詞作多處觸動愁情，卻是不萎靡、不做作，始終不脫清麗的少女氣息，清新宛然，纖婉空靈。如這闋〈鷓鴣天．春懷〉：

日上花梢睡未醒，繡衾香暖夢留人。依依柳眼天邊碧，淡淡山眉鏡裡青。無意緒，惜娉婷，緣階芳草伴愁生。東風吹夢知何處，空聽流鶯檻外聲。

日上花枝，花滿枝頭，但少女在春閨中尚且濃睡未醒。繡花的衾被又香又暖，少女正做著好夢，捨不得醒來。夢中少女對鏡梳妝，鏡中柳眼山眉，正是清澈得能滴出水來的好年華。但是少女卻越發珍惜起這春光來，看著臺階旁芳草依依，愁緒暗生。東風吹夢醒，少女莫名惆悵，擁被不起，靜靜聽著窗外黃鶯的清脆鳴聲。

葉小鸞也有在夜晚抒發幽居閒愁的詞，如〈搗練子．暮春月夜〉道：

春寂寂，月溶溶，落盡紅香剩綠濃。明月清風同翠幕，夜深人靜小窗空。

寂寞春夜，月光蕩漾，綠蔭濃碧，落花成塚。翠影之下，葉小鸞獨賞清風明月，夜深人靜，四顧寂然。整首詩給人一種空靈而寂靜的感覺。也有學者評價為「空谷幽寂之感」。

清代王端淑《名媛詩緯初編詩餘集》選其〈搗練子．暮春月夜〉一闋，評道：「詞家口頭語，正寫不出，在筆尖頭，寫得出便輕鬆流麗，淡處見濃，閒處耐想，足以供人咀味。何必蘇、劉、秦、柳始稱上品？」

〈浣溪沙．春夜〉則又是一番玲瓏心腸：

柳絮飛殘不見春，近來閒殺惜花心，無聊獨自步庭陰。
紫燕未歸餘畫棟，黃昏先到怯囊琴，燈花月影兩深深。

正是春日，柳絮飛盡，但是在小鸞的眼中，卻看不到半點春意，連惜花之心都淡了。無聊之下，獨自在庭院裡散步，聽不到燕子的呢喃，彈琴一直到黃昏，唯有燈花與月影相惜深深。「燈花月影兩深深」一句，讓人頓生淒涼，可謂「通篇不著一字，讀之無限愁生」。

晨起細雨，小鸞也有一番感慨，其〈後庭花．夜思〉道：

朝來煙雨繁，金爐香縷翻。坐久還慵立，眠多愁夢煩。掩重門，落花流水，依稀隨斷魂。

早上煙雨濛濛，香爐漫出縷縷幽香。少女坐久了，便慵懶地站起來。睡久了，卻總是被夢煩擾。門掩重重，但想見門外落花流水，黯然銷魂。這依然是大家閨秀庭院深深的生活。

人們為何會憂愁？魏晉時曹丕曾經有過這樣的詩句：「高山有崖，林木有枝。憂來無方，人莫之知。」憂愁的到來本來就是沒有理由、沒有方向的，每個人的心底或許都埋著深沉的憂愁，只是有人感覺到，有人感覺不到而已。曹丕身為男子，已如此慨嘆，何況身為天才詩人、極其敏感的葉小鸞呢？

身為閨秀的葉小鸞，一直居住在閨房庭院裡，每天所見到的，不過是庭院中的花花草草，年齡又幼小，並未真正見識到廣大的天地。因此，她詩詞的題材狹窄顯然不可避免。但是，葉小鸞在這樣單調而狹隘的主題中，總能翻出新意，詞中多有佳句，的確是「淡處見濃，閒處耐想，足以供人咀味」。

據統計，在葉小鸞《返生香》中對於春季的抒懷、即景詩約四十首，如五言古詩〈春日〉、五言絕句〈春日曉妝〉、七言絕句〈立春前一日〉及詞作中大量的「早春」、「春思」、「春閨」、「春暮」、「春夜」主題。秋季詩詞亦有四十餘首，而夏、冬兩季的描寫則明顯較少。

竹徑深深，溼翠侵眉

春天快結束了，夏天就要到來了。立夏日便是春和夏的分界點，古人在這一天備酒食為歡，名為餞春。清顧祿在《清嘉錄》裡說：「立夏日，家設櫻桃、青梅、元麥，供神享先，名日夏見三新。宴飲則有燒酒、酒釀、海螄、饅頭、麵筋、芥菜、白筍、鹹鴨蛋等品為佐，蠶豆亦於是日嘗新。」

而在這一天，小鸞卻是「意怯花箋，心慵繡譜」，想到春光易逝，「送春總是無情緒」，寫下了一闋〈踏莎行．閨情〉：

意怯花箋，心慵繡譜，送春總是無情緒。多情芳草帶愁來，無情燕子銜春去。

倚遍闌干，斜陽幾許。望殘山水濛濛處。青山隔斷碧天低，依稀想得春歸路。

但是真正到了夏天，尤其是初夏的好天氣，葉小鸞也是喜歡的。午後的淺淺陽光、微微柔風也都讓她感到愜意。

身在午夢堂，輕風習習，花繞蘿門。燕子點水而過，漣漪輕輕蕩開，石榴吐豔，翠竹搖曳。她寫下兩首〈午日〉，新鮮活潑，心思纖巧，體物精微：

其一

暄風日正午，砌花繞蘿門。
一一燕子飛，掠煙成漪紋。
榴苞競霞紅，竹粉縈蛾綠。
採絲繫皓腕，金盃泛香粟。

其二

蒲玉香浮琥珀杯，榴花紅豔錦雲堆。
琅玕自繞迴廊外，翠影清風入袖來。

這兩首詩的風格都是恬靜溫淡、清麗可喜的。

有一天，天空簌簌下了一點小雨。雨後，午夢堂裡竹徑深深，滿地桐花，溼翠侵眉。小鸞見此清麗雨景，寫下一闋〈點絳唇．夏日雨景〉：

竹徑深深，流雲曉度羅幃靜。雨絲幾陣，滿地桐花冷。
溼翠侵眉，纖暈蒼苔影。看無盡，綺屏人映，一片瀟湘景。

初夏傍晚，涼風細細；荼蘼沁香，荇風輕約，曲闌憑遍，情思悠長，如此輕盈宛轉的初夏風光，讓少女又生出了淡淡閒愁，揮之不去，若有若無，竟忘記了捲簾，以致耽擱了歸梁雙燕。〈浣溪沙．初夏〉記錄的就是此時的風光與心情：

香到荼蘼送晚涼，荇風輕約薄羅裳，曲欄憑遍思偏長。
自是幽情慵卷幌，不關春色惱人腸，誤他雙燕未歸梁。

小鸞「詞格堅渾，無香奩氣」。這詞中的閒愁，恰似李清照詞中語：「此情無計可消除，才下眉頭，卻上心頭。」

夏日烈日炎炎，濃蔭匝地，處處蟬聲，蓮花出水，翠竹依依。小鸞在疏香閣裡令侍女捲起珠簾，把屏風撤走，自己則睡在竹蓆之上，輕輕地搖著扇子，等涼風至。天色漸暗，夕陽漸斜，終於有了一縷縷南風吹過來。葉小鸞在這天寫下了一闋〈鷓鴣天．夏日〉，如記日記一般，記錄了她這天的心境：

處處蟬聲咽柳亭，隆隆日午正當庭。蓮香有水紅妝倩，竹粉無風翠影停。
揮扇子，候涼生，疏簾小簟卻銀幕。南熏日暮無行雨，喚殺啼鳩不耐聽。

當然，夏天也有極開心的時候，那就是夜晚。不復白天的炎熱，夏夜顯得很是涼爽。風吹過來，涼沁沁的，有蟋蟀在牆外輕輕地鳴叫。葉小鸞走出疏香閣，見臺階上的花瓣在月色下悄悄墜落下來，輕軟無聲，香氣襲人。她獨自在花影中聽蟲鳴，賞明月。月色明朗，景色也看得清清楚楚，她只覺清景無限。再仰看天河，只見斗轉星移，星光熠熠。

這晚，她寫下的是〈浣溪沙．秋夕〉：

風透疏櫺景色清，悽悽四壁怨蛩鳴，夜深微溼露無聲。
砌上落花和月落，簾前明月近花明，又看河漢半斜傾。

七夕是古代的女兒節，也是傳說中天河兩岸牛郎織女相會的日子。民間有供奉瓜果、穿針乞巧的活動。在葉小鸞家，七夕之夜，姐妹們也是聚在一起，仰看雙星渡河，並向織女乞巧。清露點點，落花陣陣，月色皎潔。這是個歡樂的時刻，少女們盡情飲酒，不惜一醉。有女伴在海棠花畔徐徐吹起了一支洞簫，簫聲嗚嗚而起。

她作了一闋〈蝶戀花．七夕〉，來記下這次少女們一起玩鬧時天真爛漫的快樂：

飛鵲年年真不誤。機石停梭，掩映河邊渡。清露未銷楊柳暮，落花借點疏螢度。月色風光都莫負。酒酌芳樽，不把佳時錯。女伴隨涼池上路，海棠花畔吹簫坐。

後來，葉小鸞在大姐葉紈紈出嫁之後，以少女的直覺與天生的敏感，感受到姐姐婚姻的不幸與命運的悲慘。而與此同時，她自己的婚期也漸漸逼近了。對此，她感到無力且無奈，再過七夕時，她筆下之詞就不同往日的輕巧明快了，滿是淒涼悲戚之意：

其一

橋畔，鸞扇。星鈿霞釧，暫撇殘機。步移，思量去年今夕時。淒其，未期先慘離。

其二

借得嫦娥初月鏡，窺瘦影，拂試翠眉整。駕雲霓，河漢西，悽迷，只愁雞暗啼。

婀娜，人坐。佳時瓜果，氣朗長空。月宮，斷霞半天衫袖紅。重重，紫薇花影濃。

曲沼芙蕖香滿院，人正宴、數點晚螢見。倚針樓，看女牛，莫愁，今宵猶未秋。

葉紹袁在這兩首詞後批註道：「未期先慘離」，遂成奇讖。傷哉痛哉！葉小鸞還寫過兩首〈詠牛女〉，也是清新而悵惘，縈繞著一縷揮之不去的悲涼：

其一

攬拂清輝映雪明，含情自理晚妝成。
雙蛾久蹙春山怨，今夕相看兩恨平。

其二

碧天雲散月如眉，漢殿新張翠錦帷。
只恐夜深還未睡，雙雙應話隔年悲。

雖然七夕牛郎織女相會了，但是歡聚一天之後，又是一年長久的別離。在小鸞看來，這樣的相聚並沒有意義，反而更添悲冷。正如林黛玉天性中的「喜散不喜聚」一樣，葉小鸞把這些短暫的相聚看得太過通透。

歷史學家鄧紅梅在《女性詞史》說道：「朦朧體驗到的成年女性所永駐的常規生活

情景乃至情感方式，則令十七歲自賞自慧的少女有挫折感和失望情緒，所以還沒有開始成人化的女性生活，她就對進入此境有些厭倦了。」

她獨自一人在池邊仰望雙星渡河，沉默不語。侍女紅于也不了解她為何在七夕之夜突然又這樣多愁善感，鬱鬱寡歡，於是便來催她去疏香閣安寢。小鸞回到疏香閣，看著窗外一輪明月灑著清輝，卻是怎麼都睡不著，索性披衣而起，寫了一首〈七夕後夜坐紅于促睡漫成〉：

池畔芙蓉映碧蘿，雙星今又隔銀河。
侍兒未解悲秋意，明月高懸怯素羅。

與沈宜修所作的〈浣溪沙．七夕〉相比，可看出母女二人的不同來。沈宜修所作，滿是清雅秀雋的甜蜜之意，在她筆下，那與牛郎在七夕相會的織女因為心中過於喜悅，竟暗暗嘲笑起那廣寒宮中孤清一人的嫦娥來。這是因為沈宜修夫妻感情和睦，對愛情和生活是滿足而喜悅的：

落日妝成罷錦稜，步搖仙佩紫雲羅，銀河風靜出金珂。
青鵲妝催眉月小，紫鸞彩簇步雲多，雙棲玉樹笑嫦娥。

沈宜修還曾在七夕為新婚的六妹寫過四首〈七夕贈六妹合歡〉，也是一派甜蜜輕快：

其四

香含玉樹送新涼，彩扇遙遮逗月光。笑指女牛經歲別，相看莫羨有情郎。

屈指西風，流水年華

物候的變化是微妙的，葉小鸞對此的感知極其敏銳。古人將立秋分為三候：「一候涼風至；二候白露生；三候寒蟬鳴。」當立秋的第一縷涼風襲來之時，她已經感到了秋之蕭瑟。她的詞中有對初秋、秋夜、秋思的描寫，傷春悲秋，尤以悲秋為甚。

在立秋這天，小鸞便寫下〈蝶戀花．立秋〉一詞，感嘆的是青春易老、年華易逝：

屈指西風秋已到。薄簟單衾，頓覺涼生早。疏雨數聲敲葉小，小亭殘暑渾如掃。

流水年華容易老。秋月春花，總是知多少。準備夜深新夢好，露蟲又欲啼衰草。

這首詞含蓄蘊藉，哀而不傷。葉紹袁在詞後標注：「悵惜流年之意，暗中不覺，真可黯然。」

初秋的時候，小鸞和姐妹們外出遊玩，到池塘去看荷花。碧水瀲灩中，有的荷花還在開放，嬌豔如少女的芙蓉面；有的已經謝了，露出小小的蓮蓬。忽然聽見江面上傳來採菱的歌聲，唱得歡快而又令人喜悅。輕雲在江面上變幻倒影，草木染上明豔秋光。仰頭看著天空，不知道大雁何時歸來，遠方親人近況如何。對著一江煙水，葉小鸞心裡又泛起淡淡愁波。她寫下了一闋〈菩薩蠻．初秋〉：

池塘碧浸芙蓉面，蓮房怨粉驚團扇。何處一聲聲，隔溪歌採菱。
輕雲流影急，秋入平蕪色。寒雁幾曾還，一江煙水寒。

秋天的夜裡，更是惹人感懷。小鸞寫有一闋〈南柯子．秋夜〉：

門掩瑤琴靜，窗消畫卷閒。半庭香霧繞闌干。一帶淡煙紅樹、隔樓看。
雲散青天瘦，風來翠袖寒。嫦娥眉又小檀彎。照得滿階花影、只難攀。

「門掩瑤琴靜」似點化鮑照〈擬古〉詩「明鏡塵匣中，瑤琴生網羅」而出新意。以「青天瘦」形容秋夜的澄淨清澈，為前人所未道。陳廷焯也認為「『雲散』五字新警」。「風來翠袖寒」則是化用杜甫〈佳人〉詩「天寒翠袖薄，日暮倚修竹」的詩意，自寫秋夜衣裳輕薄，有一種「歲月長，衣裳薄」之感。

葉小鸞詠秋夜的詞還有一闋〈菩薩蠻．秋夜〉：

秋聲又到梧桐井，半廊花霧籠虛影。試喚侍兒來，紗窗帶月開。
浮光憐露葉，暗草蛩淒切。何似獨愁予，新詞吟未如。

花影朦朧，如籠輕霧。小鸞喚來侍女紅于將紗窗打開，便看到一輪皎潔的秋月，月色融融。樹葉上的露珠在月光下閃閃爍爍，惹人憐愛。樹影下的草叢裡秋蟲在低吟。於是，小鸞又在獨自悲秋，撰寫新詞了。

日暮時分，夜色如潮水般湧來，一切都漸漸朦朧起來，只聽得到大雁的悲鳴之聲。而遠處也是雲煙迷離，紅葉飄落江上。只聽得滿耳秋聲，是風吹葉落的簌簌之聲，還以為是下雨了。但她攬簾細看，又看到一輪清冷圓月。燈影輕輕地在牆壁上搖動著，葉小鸞走到臺階那裡，只覺清冷侵羅襪，原來臺階上已經結露了。她靜靜佇立著，聽得到秋蟲的低吟之聲。這晚，她寫下了一闋〈疏簾淡月．秋夜〉：

窗紗欲暮，漸暝色朦朧，暗迷平楚。斷雁淒哀點點，遠天無數。蒼煙染遍西風路，剪江楓、飄紅荻浦。畫欄東角，疏簾底畔，徘徊閒佇。

漫贏得、長宵如許。又錦屏香冷，繡幃寒據。滿耳秋聲，長向樹梢來去。蕭蕭竹響還疑雨，悄窺人、嫦娥寒兔。壁搖燈影，空階露結，怨蟲相語。

疏簾淡月，極其典雅的一個詞牌名。看到詞牌名，彷彿能見一美人於夜間輕輕捲起珠簾，簾外月影淺淡，花木扶疏，清氣浮動。葉小鸞這首〈疏簾淡月．秋夜〉層層遞進，由近及遠，由內而外，以清麗之語，將內心的憂愁之情表達得深婉而又悠長。

葉小鸞關於秋天的詞，即使是寫愁，也基本上是一種明淨的憂思，格調並不陰沉。如〈卜運算元．秋思〉道：

天淡水雲平，風裊花枝動。羅幕涼生翠袖輕，柳外飛煙共。

獨坐思悠揚，簫管慵拈弄。帳冷西窗一夜香，寂寞添幽夢。

淡淡天空，雲捲雲舒，微風裊裊，花枝輕顫，有涼意悄悄侵入衣袖。這樣的天氣裡，很適合一個人靜靜坐著發呆，任思緒飛揚，連平常愛吹的簫也無心擺弄了。只有香爐裡幽幽一縷暖香，在溫暖著這個微涼的秋夜裡寂寞的幽夢。

她在〈訴衷情．秋夜〉中則巧妙運用疊字，富於音樂感和節奏美，極有宋代李清照之詞作「尋尋覓覓，冷冷清清，悽悽慘慘戚戚」的境界與韻味：

蛩聲泣罷夜初闌，香潤彩籠殘。多情明月相映，一似伴人閒。

燈蕊細，漏聲單，透輕寒。蕭蕭瑟瑟，惻惻淒淒，落葉聲干。

明末清初的黃媛介在《讀葉瓊章遺集》裡云：「字字敘其真愁，章章浣其天趣。成風散雨，出口入心，雖唐宋名人亦當避席。但訝彼正桃李之年，何為言俱逼霜露？惜花太甚，遂成刻露飄零，詠鵲未期，竟兆慘離情事。」

她關於秋思的小詞還有〈阮郎歸．秋思〉：

其一

紅綃秋鎖小樓西，綠鬟鸞鏡低。曉妝初罷思依依，徘徊花影移。

沉水爇，綺櫳垂，閒愁不上眉。鴛鴦新繡夾羅衣，初寒半暖時。

其二

風飄黃葉愴辭枝，樓前處處飛。閒來無悶亦淒其，方知秋氣悲。

堪嘆處，可憐時，倚欄空自知。徘徊魂夢欲何依。沉吟黯黯思。

兩首詞幾乎都是這種「闌干憑遍，妝臺漸冷，黯黯無語空凝佇」的惆悵之意。葉小鸞關於秋日的詞，還有「秋雨急，釀就曉寒相逼」、「蕉雨瀟，不管人愁只亂敲」、「隔簾飄落知多少，樹下香魂應自消」等，都是些極靈動而憂鬱的文字。

有一年元宵節，正好是個陰天，葉家姐妹出去賞月，並沒有看到月亮。東風輕軟，處處笙歌，燈山處處，火樹銀花。但小鸞關注的，只有被重重烏雲遮擋住的明月清光，還有夜色中悄然飄落的幾點梅花。一邊是極度的熱鬧，一邊卻是極度的清冷。小鸞自然敏銳地捕捉到了那一點清冷。在這日，小鸞寫下兩闋〈菩薩蠻．元宵無月〉：

其一

畫樓春弄東風軟，燈山處處笙歌滿。幾點落梅花，侯家醉麗華。
歌聲還換酒，夜色頻催漏。雲幕掩嫦娥，清光不放多。

其二

繁雲遮住瑤天月，繡屏圍處珠簾揭。風度綺羅香，穠姿映畫堂。
銀花開火樹，一夜星移曙。莫羨管絃聲，還愁月未明。

她文字中流動的，始終是這種靈動的傷感，始終詠嘆的是生命無常和歲月流逝。端午節是悼念屈原的日子，葉小鸞是小小少女，少出閨門，雖不知人間疾苦，尚未有關懷蒼生的胸懷，但是那種天生的憂鬱與求索的失落卻與屈原的詩心隱隱有相通之處，她寫下一闋〈臨江仙．端午〉：

團扇新裁明月影，珠簾半上瓊鉤。榴花紅到玉釵頭。彩絲宜續命，綠砌繞忘憂。
酒泛菖蒲香玉碎，嫩紅雙靨橫秋。畫船何處鬧歌樓。蕭蕭煙雨外，還鎖楚江愁。

除夕之夜，本來是一家歡聚的日子，而她卻只覺得「一歲空憐如夢」，仍然是嘆惋時光之意，作〈如夢令．辛未除夕〉：

其一

風雨簾前初動，早又黃昏催送。明日總然來，一歲空憐如夢。如夢，如夢，唯有一宵相共。

其二

雁唳西風天際，檻外梅花香細。今夜與明朝，試共相看不睡。且睡，且睡，守歲何如別歲。

冬去春來，又快到立春了，雪中寒梅又在凌寒輕綻。小鸞雖然對春天的到來充滿驚喜，但轉念一想，又感惆悵，無端又是一年過去了。要怎樣，才能留住這疾逝的時光呢？〈立春前一日〉這首詩，仍是在感嘆歲月匆匆：

寒入重簾裊篆煙，驚看春意在梅邊。

殘冬已逐斜陽盡，風景無端又一年。

歷史學家鄧紅梅在《女性詞史》中論及沈宜修、葉小鸞等人的創作指出：「由於生活的不如意，加之天生體弱敏感，好靜深思，沈氏女性文學家們多數愁腸百結，無可解脫，形成了別具特色的『午夢堂氣質』。」

而葉小鸞也的確是個風露清愁的姑娘。有一次，舅父沈自徵來看她，初時眉目如畫的小玉人已經長成了一個亭亭少女。想起在小鸞身上傾注無數心血的妻子張倩倩，沈自徵又悲又喜，問她：「尚憶少時同汝妗雪夜之爐，以瓦甓貯火，誦毛詩二南否？」葉小鸞低低說了一句「憶之」，就嗚咽失聲，終席無一寒暄語，只低首掩淚。

天啟五年（西元一六二五年）沈自徵離家北上京師後，小鸞同他僅有一次相會，是在崇禎四年（西元一六三一年），也就是小鸞去世前一年。雖多年不見，卻並沒有沖淡小鸞童年時與舅父結下的父女之情。

小鸞曾經在寄給舅父的詞〈踏莎行．憶沈六舅父〉中寫道：「十年客夢未曾醒。」小鸞一直深藏著與舅父、舅母在一起生活的回憶，那些在舅父、舅母教導和關愛下成長的時光對她來說極其珍貴。舅母已經去世了，她內心深處非常想和舅父多多見面，重溫童年的情懷，追憶當年的歲月。然而舅父多次寫信說要回來，卻屢次爽約，「幾番歸約竟無憑，可憐只有情難盡」。

第五章
閬苑仙葩：詩中夢境與細膩情懷

虞美人・看花　葉小鸞

闌干曲護閒庭小，猶恐春寒悄。隔牆影送一枝紅，卻是杏花消瘦舊東風。
海棠睡去梨花褪，欲語渾難問。只知婀娜共爭妍，不道有人為伊惜流年。

細剪胭脂，輕含茜露

葉小鸞天性愛好大自然，沈宜修在庭院中種滿花木，每到春日，整個庭院百花齊放，美不勝收。在午夢堂中，小鸞天天侍弄花草，夜夜枕花香入夢，花草樹木陶冶了她的情操，滋養了她的精神。因此《返生香》中有很多詠植物的詩詞，如〈梅花〉、〈茉莉花〉、〈錦葵〉、〈秋芍藥〉等。

這些詩詞清雋秀雅，浸著淡淡的哀愁，又浸潤著輕盈婉約的少女感，低低念之，亦覺似乎有草木清芬自字裡行間緩緩溢出，沁人心脾。每一首詩裡都有她的身影。她彷佛便是花之精靈，一朵在凡俗人世間自在搖曳的閬苑仙葩。清人周勒山評價小鸞詞：「昔黃山谷稱晏小山詞為〈高唐〉、〈洛神〉之流，其下者亦〈桃葉〉、〈團扇〉。今讀《返生香》諸詞，則全是〈高唐〉、〈洛神〉，非復〈桃葉〉、〈團扇〉可彷佛也。」他以晏幾道的詞與之相比，認為葉小鸞的詞為上品仙品，遠遠高出〈桃葉歌〉、〈團扇歌〉之流。

小鸞春日踏青之時，見到垂柳依依，柳枝上有露水墜落，如離人之淚，而樹幹纖纖如美人細腰，斜陽中一對燕子歸來，她吟了一闋〈上陽春．詠柳〉：

無數灞陵橋畔。離人淚染。一生空自管銷魂，只贏得、腰肢軟。
陌上樓頭長見。翠絲分線。和煙幾度蕩斜暉，誤紫燕、歸來晚。

又有一日踏青，再看那柳絮滿天飛舞，如同點點離魂，飄飄閃閃。有一枚柳絮飄到小鸞身邊，她纖手拈來，不由得又湧起惜春之感，於是便又作了一闋〈上陽春．柳絮〉：

點點離魂如雨。輕狂隨處。天涯不識舊章臺，更阻斷、遊人路。
驀地送將春去。燕慵鶯憮。飄飄閃閃去還來，拾取問、渾無語。

葉小鸞的筆下更多的是吟詠花卉的詞，那鮮花或婀娜嫵媚，或清新淡雅，更像是少女絕美的青春。她的詠花詩有二十二首，描寫對象包括桃花、梅花、玉蘭、海棠、葵花、夜合花、薔薇花、蝴蝶花、茉莉花、玫瑰花、芍藥花、蓮花等。據《返生香》集中葉紹袁批註：「家有草花數十種，欲盡為題詠，未及半而死，傷哉！當盡斷去不復留本也。」

那春天的藤蘿顯得格外精致，像是用剪刀特意剪出來的一樣。小鸞想起唐代賀知章的詩句「二月春風似剪刀」，於是作下了一首〈剪春蘿〉：

紗窗誰為理金刀，剪出紅綃映碧綃。分付東君好收拾，莫教春雨妒春翹。

她要吩咐司春之神東君善待這些美麗的花，不要讓春雨淋溼打落了花瓣。「春翹」指的是春日茂盛的花木。

春日的紫荊花如同胭脂一般嬌美，含滿了盈盈露水，芳菲燦爛，爭奇鬥豔。細雨綿綿，薄霧輕盈，紫荊煙籠。小鸞心中歡喜，寫下了一闋明媚的〈踏莎行．紫薇花〉：

細剪胭脂，輕含茜露，芳菲百日濃輝聚。紅妝懶去鬥春妍，薰風獨據珊瑚樹。

翠葉籠霞，瓊葩綴霧，湘簾影卷猩姿雨。仙郎禁院舊傳名，亭亭好伴西窗暮。

庭院中還種有一叢秋海棠，絲垂翠縷，葩吐丹砂。葉小鸞特別喜歡這叢秋海棠。有一日，她見那嫣紅的秋海棠閃爍在淺綠的葉子中，如同絕色美人。西風吹來，那秋海棠在風中輕顫，更見風姿。秋海棠嬌美旖旎，似笑如愁，但它的憂愁，除了如葉小鸞一般敏感細膩的女孩子，又有誰人能懂？由花及人，此刻正值青春年少、花朵般輕巧俏麗的女孩子，將來她們這些千迴百轉的清澈心事，又有誰能懂呢？晚上，她筆下流瀉出了一闋〈蝶戀花．秋海棠〉：

淺綠嫣紅開幾許。誰料西風，也解傾城嫵。酒暈盈盈嬌欲佇，檀心半吐輕含雨。
剪向屏山深處貯。似笑如愁，旖旎憐還憮。低嚲對人渾不語，斷腸應恐人無緒。

「酒暈盈盈」是海棠的嬌豔之色；「檀心半吐」意思是海棠花半吐花蕊，並未完全綻放，恰如含苞待放的少女。小鸞用語十分清新雅緻。

清晨煙霧繚繞，昏昏沉沉。而旭日東昇後，整個庭院裡便清朗起來。院中草色苔痕又抹上了淡淡一層秋光，閨房中，小鸞初起，剛剛撩開流蘇床帳，便被窗外嬌豔的海棠花晃得眼前一亮。於是，她便披衣而起，走到院中，折下幾枝海棠花簪在如雲秀髮上，回屋對著妝鏡細細觀看。昨夜裡雖然有熏籠暖床，但是秋夜涼沁，連香氣都顯得清冷了。但今天海棠花如此嫵媚多姿，在妝臺梳妝的少女也跟著明亮歡欣起來。

於是，她又為秋海棠寫了一闋詞〈清平樂．命紅于折秋海棠花〉：

斷煙撩亂，霽景穿庭院。草色苔痕添一半，染得秋光堪玩。
流蘇帳曉花開，海棠幾蕊簪來。昨夜熏籠香冷，新寒多上妝臺。

她看到雨後有幾枝垂絲海棠斜斜倚靠在曲欄前，裊裊輕姿，淡淡如煙，又有雨珠滾動在花瓣之上，如同少女含淚，越發顯得鮮妍嬌豔，她便寫下一首〈垂絲海棠〉：

裊裊輕姿淡淡煙，數枝斜倚曲欄前。
風情似怨腰先弱，雨後含情淚越鮮。

在葉小鸞的〈浪淘沙．春景〉中，亦有：「海棠風醉豔紅妝。折取一枝歸繡戶，細玩春光。」對她來說，滿庭春意就凝聚在了這枝嬌豔明媚的海棠花上。可見她對海棠花之喜愛了。

她寫〈茉莉花〉，既寫細小花苞如同明珠點點，又寫月下的幽香陣陣：

玉骨含嬌恨日長，明珠點點怯斜陽。
夜來月影迴廊外，好照幽香送夕涼。

她寫〈蜀葵〉，寫那明豔的花朵如同碧玉枝頭挽住的一抹落霞：

碧玉枝頭綰落霞，湖山開遍綺羅斜。
一春何事無妝點，艾葉榴花共絳紗。

她寫〈錦葵〉，仍然是用明亮的霞光作比，一番新雨過後，枝頭花朵嫣然如滿綴的明霞：

葉如初出芙蓉葉，花似籬邊槿樹花。
簾外一番新雨後，枝枝爭似綴明霞。

她寫〈秋芍藥〉，寫它濃豔嫵媚卻不與牡丹爭春，而是在秋風中伴著清傲的菊花：

一枝妖豔倚欄杆，不向春前鬥牡丹。
羞學贈人慵去採，秋風獨伴菊花寒。

她寫〈金桃〉，寫桃花紅紅白白，朵朵生動，還有桃花金色花蕊的風姿，如同宮娥頭上的額黃一般：

試向玄都觀裡遊，紅紅白白共風流。
誰知又有黃金蕊，塗罷宮娥亦自羞。

蘭花是君子之花，小鸞極為欣賞，因此，在詞作中盛讚蘭花的馥郁清香，並以蘭花自喻，這便是〈蝶戀花．蘭花〉：

碧玉裁成瓊作蕊。馥郁清香，長向風前倚。楚畹當年思帝子，紫莖綠葉娟娟美。
自道全無脂粉氣。笑煞春風，紅白勻桃李。幽谷芳菲誰得比？猗猗獨寄琴聲裡。

這蘭花亭亭玉立，在風中婀娜著，紫荊綠葉，娟娟秀美。《離騷》中有：「余既滋蘭之九畹兮，又樹蕙之百畝。」後因以「楚畹」泛稱蘭圃。

蘭花有君子之風，並無任何矯情的脂粉氣息，而獨自笑傲春風。與紅色桃花、白色李花相比較，分明還勝了一籌。在幽幽深谷中，它的芳菲更是無花可比。因此文人墨客非常欣賞蘭花之高潔，將它寫入了琴曲之中。

蘭花入琴曲確實不少見，比如說古琴曲〈幽蘭操〉（又稱〈猗蘭操〉）：

習習穀風，以陰以雨。之子于歸，遠送於野。
何彼蒼天，不得其所。逍遙九州，無所定處。
世人暗蔽，不知賢者。年紀逝邁，一身將老。

唐代著名詩人韓愈曾作同名作品：

蘭之猗猗，揚揚其香。不採而佩，於蘭何傷。

今天之旋，其曷為然。我行四方，以日以年。
雪霜貿貿，薺麥之茂。子如不傷，我不爾覲。
薺麥之茂，薺麥之有。君子之傷，君子之守。

重陽節，茱萸已經結出了紅色的小果子，荷花早已凋零了。而竹籬之外又有菊花在悄悄綻放，畫樓之外有暗香盈袖。小鸞寫作〈南柯子．九日〉：

日暖茱萸好，霜飛菡萏衰。碧雲山外夕陽催，自有竹籬斜徑、菊花開。
煙重迷疏柳，陰濃籠溼苔。畫樓時送暗香來，且去待看明月、倒金盃。

葉小鸞最愛梅花，她給自己的閨房也取名叫做疏香閣。她母親沈宜修就曾作過百首梅花詩，葉小鸞自己也作過十首梅花詩。「堪笑西園桃李花，強將脂粉媚春華。疏香獨對枝梢月，深院朦朧瘦影斜」，是以梅喻己；「窗前幾樹玉玲瓏，半帶寒煙夕照中。啼鳥枝頭翻落絮，惜花人在畫樓東」，是惜花憐花；「傲骨欺霜映碧浮，數竿修竹伴清幽。年年燕子無消息，春信誰將寄隴頭」，則是思念在外奔波、杳無音信的舅父了。而詩中如「啼鳥枝頭翻落絮，惜花人在畫樓東」、「隔簾飄落知多少，樹下香魂應自消」等，也都融入了小鸞自身的影子。

除了詩之外，葉小鸞還為梅花作過不少詞。如〈菩薩蠻．小窗前梅花一樹正開為風雨狼藉作此誌悼〉：

嫩寒初放枝頭雪，倚窗深夜窺花月。曉起捲簾看，飄零滿畫欄。
飛殘千點白，點破蒼苔碧。風雨幾時休，巡簷索共愁。

葉小鸞在月夜獨自倚窗而望，凌寒傲雪獨自綻放的梅花，沐浴在淡淡月光下，顯得那樣嬌媚可愛。早上起來，她惦記著梅花，趕緊捲簾而望，而梅花已經被風雪摧殘，凋零滿地，點點白色花瓣綴在碧色的蒼苔上，讓人憐愛。

在風雨中備受摧殘的，還有春天的梨花。一夜風雨過後，梨花飄零滿地，玉容慘淡，淡淡的香氣彌漫庭院。小鸞禁不住湧起寂寞惆悵之情，作下了〈雨中花．梨花〉：

淚雨瓊姿嬌半吐，又一夜風搖鬟霧。繡陌啼鶯，畫梁歸燕，莫便催春去。
脈脈柔情慵未足，嘆寂寞玉容難賦。今夜黃昏，明朝庭院，空鎖重門暮。

春日萬紫千紅，各種花按照時令依次綻放。根據南朝宗懍《荊楚歲時記》說：「始梅花，終楝花，凡二十四番花信風。」這句話是說，自小寒至穀雨共八氣（八個氣節），一百二十日，每五日為一候，計二十四候，每候對應一種花信。二十四候便成了二十四種花的代表。南唐徐鍇《歲時廣記》說：「小寒三信：梅花、山茶、水仙；大寒三信：瑞香、蘭花、山礬；立春三信：迎春、櫻桃、望春；雨水三信：菜花、杏花、李花；驚蟄三信：桃花、棠棣、薔薇；春分三信：海棠、梨花、木蘭；清明三信：桐花、麥花、柳花；穀雨三信：牡丹、荼蘼、楝花。此後立夏矣。」小鸞在庭院裡終日看花，花香滿身。真可謂「花氣襲人知驟暖，鵲聲穿樹喜新晴」。

葉小鸞曾寫有三闋〈虞美人．看花〉，其一為：

闌干曲護閒庭小，猶恐春寒悄。隔牆影送一枝紅，卻是杏花消瘦舊東風。
海棠睡去梨花褪，欲語渾難問。只知婀娜共爭妍，不道有人為伊惜流年。

庭院中海棠枯萎，梨花凋零，只有隔牆一枝紅杏開得正好。海棠花閉合了，梨花也從枝頭飄落，少女想問候她們，卻沒有一朵花和她說話。她們只知道爭芳鬥豔，卻不知有人正為她們的流年逝去而暗自傷神。雖然此詞中仍是惜春，卻滿浸著少女的清純與嬌憨之意。

「隔牆影送一枝紅」化用南宋詩人葉紹翁「一枝紅杏出牆來」與北宋詞人張先「隔牆

送過鞦韆影」。葉小鸞為花惜流年，也是在為自己惜取這似水流年。淡淡的悵惘中，卻蘊藏著對青春的無限留戀和拂之不去的哀愁。

春光明媚的時候，小鸞和姐妹們一起去看花，剛好前一夜落了一陣細雨，枝頭花朵凋零大半。小鸞憐惜那些落花，如憐惜少女轉瞬即逝的青春，憐惜生命的美麗與脆弱。回來之後，她作了〈虞美人．看花〉其二：

看花日日尋春早，檢點春光好。輕羅香潤步青春，可惜對花無酒坐花茵。

昨宵細雨催春驟，枕上驚花瘦。東君為甚最無情，只見花開不久便飄零。

一早起來便去看花，春光明媚宜人。她走在花間，不由得便有微醺的醉感，只是對花無酒，不免可惜。昨夜細雨已打落了很多花瓣，樹上的花稀疏了很多。司春之神東君真是無情呀，花開得那麼美，卻又那麼短暫，轉眼間，青春便凋零了。

唐代女詩人鮑君徽也曾作有〈惜花吟〉：「枝上花，花下人，可憐顏色俱青春。昨日看花花灼灼，今朝看花花欲落。不如盡此花下歡，莫待春風總吹卻。鶯歌蝶舞韶光長，紅爐煮茗松花香。妝成罷吟恣遊後，獨把芳枝歸洞房。」葉小鸞詞中也盡是對青春時光和美好事物終將逝去的無奈與惋惜。

一杯淡茗聊相賞，莫怪人惆悵。近來多病損紅妝，不耐蕭條清畫臥琴床。
侍兒漫把胭脂掃，委地還餘俏。春風著意半蹉跎，燕子不知花事已無多。

在這闋〈虞美人．看花〉中，小鸞持著一杯淡茶，坐著靜靜賞花，惆悵卻在心底暗自生出。近日小鸞病弱，紅妝消損，自然也無心彈琴，因此屋內蕭條，琴床靜臥。侍女為小鸞輕描胭脂，淡掃蛾眉。淡妝之後，葉小鸞見鏡中的自己，依然俏麗柔美。於是，走出疏香閣去看花。屈指算來，如此美好的春日，已經蹉跎一半了。那在春光中無憂無慮飛來飛去的燕子已經不知道開花的季節就要過去了。

這三闋詞，都是以看花為題，實際上寫的都是小鸞愛花惜花的感情。這些花，雖然嬌豔，卻被春寒所摧殘。她留戀那些快要消逝的美好事物，因此，對於落花也就特別憐惜。或許，心底裡有種同命相憐之情。葉紹袁在編《返生香》時曾在這組詞後批註：「句句自做摧戕之讖！」

她看到蓮花亭亭浮於碧波之上，明潔可愛，但蓮花花瓣墜落水面，飄飄蕩蕩，隨波逐流，不知道會流到哪裡去。小鸞彷彿也看到自己將來的命運，也如蓮花花瓣這樣任意飄蕩，不知所蹤。

她多希望自己能像曹植〈洛神賦〉中的洛神一般，凌波而去，在仙境中自在暢遊。她作〈蓮花瓣〉一詩：

一瓣紅妝逐水流，不知香豔向誰收。雖然零落隨風去，疑是凌波洛浦遊。

清代曹雪芹在《紅樓夢》中，寫有林黛玉葬花詞「未若錦囊收豔骨，一抔淨土掩風流」、「儂今葬花人笑痴，他年葬儂知是誰」等句，與此詩異曲同工。葉紹袁在詩後批注：「竟若自為寫真寫怨。」她寫這隨波逐流而不能掌握自己命運的蓮花瓣，實際上也是對自己命運的嘆息。婚姻不能自主，婚後又將何去何從。

羅箪香焚，靜掩巫雲

小鸞本來就敏感多思，靈心蕙質，加上博識廣聞，玲瓏剔透，因此，她的智慧和通透已經完全超越了年齡，但是對未來她卻充滿茫然。歷史學家鄧紅梅在《女性詞史》中論道：「因為她是這樣一個早熟的少女，所以別人等待著親歷才能感覺到的，她憑藉著旁觀就已經把它的滋味領悟了。」

晚明時期，王陽明心學成為顯學，強調「心即是理」，並倡導人生平等觀，女性的社會地位有所提升。但積習已久的男權制度，令女性的社會活動無法完全開禁，女性的處境並沒有得到真正改變，社會上依然是男尊女卑。即使是接受過良好教育的大家閨秀，也被限制在閨房之內，無法主宰自己的婚姻與命運。而她們中的少數人卻已經清醒過來，因而就更為自己的處境感到悲涼。葉小鸞即是如此。

她也許在閨中思慮過自己的命運。幸運一點能同母親沈宜修一樣，嫁一個才貌相當的男子，但即便如此，母親卻也是受到婆婆質疑，不敢公開寫作。母親和父親雖然琴瑟和鳴，卻是聚少離多，母親在最好的年齡裡，大多數時間獨守空房，操持家務，伺候婆母，照顧兒女，安心當一個賢妻良母，卻完全忽視自己的感受和需求。她和丈夫、兒女在一起最快樂的日子，也不過是葉紹袁辭官回來的這幾年而已。而舅母張倩倩，才貌雙全，聰麗能文，但沈自徵倚才自負，揮金如土，且常年遊歷在外，忽視她的感受，以致張倩倩在家獨自抱病，最終鬱鬱而亡。長姐葉紈紈，由父親做主嫁與好友之子，婚姻極為不幸，甚至生出「絕俗逃虛」出家為尼之念。

母親、舅母還有長姐，都是極其出色的閨閣才女，婚後生活卻都有不同程度的悲涼與淒婉，葉小鸞不由得迷茫了。實際上，在明清時代，女子的悲慘命運是難以改變的。即使是在娘家備受疼愛的小女兒，也不得不聽從父母之言嫁人。嫁過去之後，很多女子幾乎都被要求成為泯滅自己才氣與個性的柔順女子，而且也不一定能得到丈夫的尊重與愛護。

清代才女陳端生在花樣年華曾經寫了一部《再生緣》，轟動一時，「唯是此書知者久，浙江一省遍相傳」。當時《再生緣》一度與《紅樓夢》齊名，被稱為「南緣北夢」。在《再生緣》中，孟麗君女扮男裝，靠自己的能力站在了幾乎是男性權力的頂峰位置。

但是，當她的女兒身分被識破之後，她在這個社會上又應當如何立足？連陳端生都不知道如何結尾。後來，她因為母親去世而擱筆。時隔多年，歷經滄桑的陳端生在讀者的期待中重拿起筆來續作，卻仍然不知道如何給《再生緣》結篇。《再生緣》便成了一部光華燦爛的殘篇。

在男尊女卑的社會，女子即使有能力，有才華，也很難得到真正的認可，最終仍然會惆悵失落，無能為力。這是葉小鸞清楚意識到的，因此，她感到深深的悲傷。

葉小鸞內心深處對婚姻有著恐懼。越是天資過人，對精神境界有著很高追求的女子，越害怕自己的「桃花源」受到打擾和玷汙。何況，她所見識到的婚姻，即使是擁有珠聯璧合的表象，也有那麼多的無奈和不堪。如果嫁人離家就象徵著青春的終結，那麼，婚姻，是不是就意味著青春的墳墓？而與此相對應的是，她內心深處對愛情有著朦朧的憧憬與渴望。

在葉小鸞所處的時代，湯顯祖的《牡丹亭》與王實甫的《西廂記》大受歡迎。這些作品肯定了作為一個真正的人所具有的真性情，書中人物大膽追求自由愛情與情欲，對閨閣少女產生了極大影響，使之前深受禮教禁錮的女性心靈得到了前所未有的解放。

《西廂記》全名《崔鶯鶯待月西廂記》，是元代著名雜劇作家王實甫所作，為「元雜劇的壓卷之作」，一上演就豔驚四座，被譽為「西廂記天下奪魁」。《西廂記》提出了「永生無別離，萬古常完聚，願天下有情的都成了眷屬」的主張，肯定了男女自由戀情的合理性，對閨閣中的年輕女子有著極大吸引力。《紅樓夢》中就有寶黛共讀《西廂記》的情節：「林黛玉把花具且都放下，接書來瞧，從頭看去，越看越愛看，不到一頓飯工夫，將十六齣俱已看完，自覺詞藻警人，餘香滿口。」葉小鸞讀到《西廂記》之時，感受必也如此。

《牡丹亭》為明代湯顯祖所作，於萬曆二十六年（西元一五九八年）完稿。書一面世便大受歡迎，「《牡丹亭夢》一出，家傳戶誦，幾令《西廂》減價」，「書初出時，文人學士案頭無不置一冊」。這些廣大讀者中也包括許多閨閣女子，「蓋閨人必有石榴新樣，即無不用一書為夾袋者，剪樣之餘，即無不願看《牡丹亭》者」。杜麗娘來到花園之中，「花花草草由人戀，生生死死隨人願，便酸酸楚楚無人怨」的感傷，對青春、自由和美的追求，引起了閨秀們強烈的共鳴。當時有很多《牡丹亭》的書迷軼事流傳，甚至有女子因過度痴迷《牡丹亭》厭世而死。

葉小鸞讀過《牡丹亭》和《西廂記》，並且渴望和欣賞書中所描寫的那種真摯清澈、心心相印的愛情。崔鶯鶯和杜麗娘的愛情故事使小鸞知道了，原來在舅母、母親和長姐的婚姻之外，還有著這樣可以追求戀愛自由和自主婚姻的愛情，還有著這樣強烈而綺豔的激情。但在內心深處她也知道那是小說家言，現實生活中難以當真。因此，她對未來的生活愁緒萬千，這些都隱晦地反映到了詩詞之中。她希望青春過得慢點，再慢點，在午夢堂內的這種心靈自由的生活能過得久點，再久點。

有一次，葉小鸞得到了兩本坊刻的《西廂記》與《牡丹亭》，書前有畫像，她看著畫像，感慨不已，忍不住提筆，在崔鶯鶯和杜麗娘的畫像邊題寫了三首絕句〈題美人遺照〉：

其一

繡帶飄風裊暮寒，鎖春羅袖意闌珊。
似憐並蒂花枝好，纖手輕拈仔細看。

其二

微點秋波溜淺春，粉香憔悴近天真。
玉容最是難摸處，似喜還愁卻是嗔。

其三

花落花開怨去年，幽情一點逗嬌煙。
雲鬟綰作傷春樣，愁黛應憐玉鏡前。

寫完之後，她仍情不能禁，又依前韻繼作三首：

其一

凌波不動怯春寒，覷久還如佩欲珊。
只恐飛歸廣寒去，卻愁不得細相看。

其二

若使能回紙上春，何辭終日喚真真。
真真有意何人省，畢竟來時花鳥嗔。

其三

紅深翠淺最芳年，閒倚晴空破綺煙。
何似美人腸斷處，海棠和雨晚風前。

第一首「並蒂花枝好」，是對《西廂記》、《牡丹亭》中兩情相悅的美滿婚姻的嚮往。第二首描繪少女的天真美麗與淡淡春愁。第三首表達畫中人的心事幽情。第四首則是用洛神凌波和嫦娥奔月的兩個典故。第五首用的是畫中真真的典故。晚唐詩人杜荀鶴《松窗雜錄》：「唐進士趙顏於畫工處得一軟障，圖一婦人，甚麗，顏謂畫工曰：『世無其人也，如可令生，余願納為妻。』畫工曰：『余神畫也，此亦有名，曰真真，呼其名百日，晝夜不歇，即必應之，應則以百家彩灰酒灌之，必活。』顏如其言，遂呼之百日……果活。步下言笑，飲食如常。」杜麗娘因為一幅畫像而「紙上喚春」，和意中人最終在一起，便跟畫中真真一樣，因男子真情而從畫下走下來。第六首又回到少女閨情中來，「紅深翠淺最芳年」，葉小鸞處在最好的年華裡，而心裡也氤氳著一個渺遠的關於自由之愛的夢想。

這六首詩裡，小鸞借物抒情，將自身的心緒投射到了崔鶯鶯和杜麗娘身上。歷史學家陳書錄指出：「貌似憐香惜玉，實則是同病相憐，同氣相求。」他還說：「在反抗傳統禮教、追求個性解放方面，葉氏家族的女性中，以待字閨中未嫁而卒於十七歲的三女葉小鸞比較大膽些。」

小鸞幻想著能夠像書中人物一樣，經歷一番刻骨銘心的真摯愛情。但身處深閨的小鸞又清醒地明白自己絕不可能像書中的女主角一樣有那樣轟轟烈烈的戀愛，這讓她也感到無比惆悵。

在這六首詩中，小鸞對女性之美進行了細緻入微的生動描寫，而她筆下的少女也彷彿是她自身的影子，這是她對崔鶯鶯、杜麗娘追求自我價值和真摯愛情的肯定，也是對自己無法尋到真正的知音而流露出來的顧影自憐與自我欣賞。

葉紹袁在詩後標注：「『只恐飛歸廣寒去，卻愁不得細細看』，何嘗題畫，自寫真耳，一慟欲絕。湯義仍云：『理之所必無，安知非情之所必有？』稗官家載再生事固不乏也，忽忽痴想，尚有還魂之事否乎？」

葉小鸞還曾戲作一闋〈黃鶯兒〉，曲的小序云：「有一女，年甚長而未偶，眾共笑之，戲為作此。」這首詞雖是姐妹們以情事開玩笑打趣，但也悄悄流露出她對自由人生和幸福愛情的渴求：

> 倚遍玉闌干，數春愁，幾日閒，香肌瘦盡腸還斷。羅衫漸斑，鶯花漸殘，紅顏老去空長嘆。掩重關，玉簫聲怨，何日駕雙鸞。

小鸞的作品中，諸如〈閨怨〉、〈浣溪沙．春閨〉、〈踏莎行．閨情〉、〈浪淘沙．春閨〉等，也傾訴了她的閨怨之情。〈浪淘沙．春閨〉中，還大膽地提到了「巫雲」這一意味深長的字眼：

> 薄暮峭寒分，羅簟香焚。粉牆留影弄微曛。一縷茶煙和夢煮，卻又黃昏。
>
> 曲曲畫湘文，靜掩巫雲。花開花落負東君。賺取花開花又落，都是東風。

這裡所抒發的，仍然是在春閨中的淡淡惆悵與迷惘，但小鸞在這闋詞中，隱晦地表達了自己對愛情的渴望。

這闋詞中的意象都是迷濛恍惚的，而少女的心境是纏綿輕柔的。「曲曲畫湘文，靜掩巫雲」暗藏少女懷春的小心事。戰國楚人宋玉〈高唐賦〉序：「昔者先王嘗遊高唐，怠而晝寢。夢見一婦人，曰：『妾巫山之女也，為高唐之客。聞君遊高唐，願薦枕蓆。』王因幸之。去而辭曰：『妾在巫山之陽，高丘之阻，旦為朝雲，暮為行雨，朝朝暮暮，陽臺之下。』旦朝視之，如言，故為之立廟，號曰朝雲。」

小鸞作詞如此大膽，源於母親沈宜修對待子女的開明態度。沈宜修曾在一闋〈踏莎行〉前的小序裡表達自己的態度：「和凝云：『春思翻教阿母疑。』余以破瓜年亦何須疑，直當信耳。作問疑詞，戲示瓊章。」五代和凝，花間詞人之一，其原句是：「無事顰眉，春思翻教阿母疑。」沈宜修寫的詞則是：

> 芳草青歸，梨花白潤，春風又入昭陽鬢。繡窗日靜綺羅閒，金鈿二八人如蕣。
>
> 碧字題眉，紅香寫暈，青鸞玉線裙榴襯。若教阿母不須疑，妝臺試向飛瓊問。

沈宜修毫不掩飾對女兒青春與美貌的欣賞。她認為，正值青春年華的女兒懷有女兒家的心事是非常正常的，無須疑之。沈宜修還專門作詞一首，送給小鸞。因此，小鸞和姐妹們吟詩作詞並無任何束縛。

葉小鸞羨慕杜麗娘勇於追求自己理想中的愛情，並最後得到了幸福。可是現實卻與理想有著巨大的差別。大自然是如此的美好，為何舅母、母親、姐姐的婚姻生活有那麼多無奈？對現實生活的失望讓葉小鸞愛好自然，在午夢堂的草木芬芳中體會生命、撫慰心靈，並醉心禪道，期盼在那個彼岸世界裡得到解脫。

第六章

世外仙姝：詩心清絕的超凡意境

浪淘沙・秋懷近作　葉小鸞

青女降枝頭，已解添愁。暮蟬聲咽冷箜篌，試看夜來多少露，草際珠流。

身事一浮鷗，歲月悠悠。問天肯借片雲遊。裊裊乘風歸去也，直上瀛洲。

蕉窗夜記，懷仙之志

葉小鸞風神飄逸，蕙心靈性，奇葩逸麗，淑質豔光。「所謂美人者以花為貌，以鳥為聲，以月為神，以柳為態，以玉為骨，以冰雪為膚，以秋水為姿，以詩詞為心」，而她也的確具有「世外仙姝」之韻。

她喜歡沉浸在自己的心靈世界中，「喚之出庭，方出，否則，默默與琴書為伴而已」。她悄悄在疏香閣的那一方小天地裡建構自己潔淨出塵的理想國度，她希望自己的生活能永遠像在午夢堂、在疏香閣一樣自在溫馨，無拘無束。沈自炳謂其「志逸煙巒，以婉孌之年懷高散之韻、紫水芙蓉之詠，半屬神仙」。

十二歲剛學作詩時，葉小鸞就曾在一個爛漫的春日，於疏香閣內，作下一首不同尋常的小詩：

芳朝麗淑景，庭草茸清香。

簾櫳搖白日，影弄春花光。
妝梳明月髻，杯浮碧華觴。
瑤池諒非邈，願言青鳥翔。

這是一個早春清晨，陽光透過門窗的簾子照進疏香閣，春花爛漫，隨風弄影。少女也被這春光所感染，梳了一個圓圓的明月髻，喝了一杯綠酒，醉心在這美好的春光之中。她仰望青天，心中遐想，那王母的瑤池應該不是特別遙遠吧，只要我化成一隻青鳥，一定可以飛到那個地方。

葉小鸞的疏香閣外，種著幾叢芭蕉，碧綠清新，盈盈可愛。小鸞十分喜愛，視之為友。她也曾把這叢芭蕉多次寫入自己的詩詞之中，如〈唐多令．秋夜〉：

燈暈伴殘更，蕭蕭落葉輕。訴窮愁、草際蟲聲。欄外芭蕉新嫩綠，仍做出，舊秋聲。

羅被夜涼清，悽然夢亦驚。透紗窗、月影縱橫。幾遍雞聲啼又曉，空蹙損，兩山青。

夜深了，疏香閣裡只點著一盞暈黃的燈，獨坐燈下，聽到窗外蕭蕭落葉之聲。有鳴蟲在草間輕輕吟唱，喚起無限閒愁。欄外芭蕉初生之葉是新鮮的嫩綠之色，但也作蕭瑟之聲。晚上，被子也透著悽清的涼意，小鸞從夢中驚醒過來。她抱膝望著窗外，月影在紗窗之上印下了一個朦朧的清影。不知過了多久，聽到雄雞報曉，原來天要亮了。

十五歲的時候，葉小鸞又寫下了〈蕉窗夜記〉（崇禎四年戲作）。這篇小文頗帶自傳色彩，那個隱於一室之內、詩酒趁年華而不理俗世的煮夢子，就是她自己：

煮夢子隱於一室之內，唯詩酒是務，了不關世事。於時九月既望，素月澄空，長風入戶。葉辭條而自舞，草謝色而知傷。煮夢子攜觴挈壺，獨酌於庭中。久之，月彩西流，樹影東向，觴盡壺乾，傲然有懷仙之志，悵然作詩曰：「弱水蓬萊遠，愁懷難自降。素蛾如有意，偏照讀書窗。」又：「嘯殘明月墮，歌罷彩雲流。願向西王母，瓊漿借一甌。」

既而入室，復剔殘燈，披卷久之，隱幾假寐，聞窗外簌簌，似有人行。煮夢子從窗際中窺之，見二綠衣女郎，俱風鬟雨髻，綽約多姿，坐於庭前石卓之上，笑談而嘆風月之美。俄傾，忽各訴衷曲，愁緒橫於眉黛，淚痕融於頰頤，所言甚多，不能悉記。大約記其歌意而已。大者當風抗袖而歌曰：「對明月兮懷佳人，清露滴兮亂愁盈。湖山徙倚兮空自悲吟，芳心不轉兮幾度含情。」小者和而歌之曰：「垂翠袖兮飄素香，懷佳人兮天一方。仰鴻雁兮思心傷，安得借彼羽翼兮共翱翔。」歌畢，餘韻芳香，襲人不斷。啟窗欲問之，已振袖而隱蕉叢矣。

煮夢子曰：「嗚呼，豈非蕉之為靈也哉！」

在文中，她在九月澄空的皓月下，舉杯獨飲，悵然作詩，笑稱要向西王母借一甌瓊漿，已有飄然若仙之態。回室之後，她剔燈披卷，爾後合目打盹。朦朧中聽見窗外簌簌，她從視窗望見兩位綽約多姿的綠衣女郎，對月而歌，歌的內容也是隨風而翔、展翅而飛的自由之意。而當她開窗欲問之時，那兩名綠衣女郎卻已消失在芭蕉叢中了。於是她認為，那綠衣女郎便是芭蕉的精靈。

這篇清新飄逸的小文，結構體制、命意著題都是模仿宋代歐陽脩的〈秋聲賦〉，但歐陽脩的〈秋聲賦〉是闡發自己的情思議論，而葉小鸞此文卻宛然是一個小故事，撲朔迷離又頗有傳奇之色，仍隱隱透露出內心深處的「懷仙之志」。

葉小鸞「欲博盡今古」，是一位博學的才女，當時明代的傳奇小說也頗為流行，葉小鸞應該是讀了很多筆記小說。以她之靈慧聰穎，必相當喜歡這些與正統規矩的經書不同又想像力豐富的文字。明代陸粲《庚巳編》中，也曾寫過一個芭蕉化作美女驚鴻一瞥的故事。在這個故事裡，芭蕉化作的女子綠衣翠裳，肌質鮮妍，舉止輕逸，麗色照人：

馮漢，字天章，為吳學生，居閶門石牌巷一小齋。庭前雜植花木，瀟灑可愛。夏月薄晚，浴罷坐齋中榻上，忽覩一女子，綠衣翠裳，映窗而立。漢叱問之，女子斂袂拜曰：「兒焦氏也。」言畢，忽然入戶，熟視之，肌質鮮妍，舉止輕逸，真絕色也。漢驚疑其非人，起挽衣將執之，女忙迫，絕衣而去，僅執得一裙角，以置所臥席下，明視之，乃蕉葉耳。

葉紹袁在小鸞這篇〈蕉窗夜記〉後記云：「閨中婉孌，自託名煮夢子，固奇。『煮夢』二字造意尤新，豈『黃粱猶未熟，一夢到華胥』之意歟？種種仙蹤，有不可盡述者，述亦人未必信。」

「煮夢」一詞不僅僅出現在〈蕉窗夜記〉中，在〈浪淘沙．春閨〉中也有「一縷茶煙和夢煮」之句：

薄暮峭寒分，羅篝香焚。粉牆留影弄微醺。一縷茶煙和夢煮，卻又黃昏。

曲曲畫湘文，靜掩巫雲。花開花落負東君。賺取花開花又落，都是東風。

莊子有云：「浮生若夢，若夢非夢。浮生何如？如夢之夢。」比之筆記小說中的黃粱一夢，「茶煙和夢煮」顯然更為輕盈婉約。「一縷茶煙和夢煮，卻又黃昏」，人生如夢，夢如人生，而在夢中，人的思想卻更為自在。作為生活在明代的大家閨秀，葉小鸞無法邁出閨門去見識這廣大天地，婚姻和愛情也完全不由自己做主，唯有夢境，才能超越這平凡的生活。因此，她的詩詞中也有不少涉及夢境的。

雙成贈芝，飛瓊步月

在一個春夜，葉小鸞做了一個關於仙境的美夢，醒來時她念念不忘，作了《鷓鴣天》詞一組：

其一

一卷《楞嚴》一炷香，蒲團為伴世相忘。三山碧水魂非遠，半枕清風夢引長。依曲徑，傍迴廊，竹籬茅舍盡風光。空憐燕子歸來去，何事營巢日日忙。

其二

春雨山中翠色來，蘿門欹向夕陽開。朝來攜伴尋芝去，到晚提壺沽酒回。身倚石，手持杯，醉時何惜玉山頹。今朝未識明朝事，不醉空教日月催。

其三

野徑春來草放齊，碧雲天曉亂鶯啼。紫笙吹徹緱山上，清磬敲殘鷲嶺西。紅馥馥，綠萋萋，桃花楊柳共山蹊。遙看一抹煙雲處，帶雨春帆近日低。

其四

雨後青山色更佳，飛流瀑布欲侵階。無邊藥草誰人識，有意山花待我開。閒登眺，莫安排，嘯吟歌詠自忘懷。飄飄似欲乘風去，去住瑤池白玉臺。

其五

西去曾遊王母池，瓊酥酒泛九霞卮。滿天星斗如堪摘，遍體雲煙似作衣。騎白鹿，駕青螭，群仙齊和步虛詞。臨行更有雙成贈，贈我金莖五色芝。

佛禪的色空觀念多以夢為喻，如《金剛經》：「一切有為法，如夢、幻、泡、影，如露亦如電，應作如是觀。」《維摩詰經．方便品》：「是身如夢，為虛妄見。」《大般若經》：「如人夢中說夢，所見種種自性……夢境自性都無所有。」在葉小鸞的夢裡，她可以朝尋芝，晚沽酒，一醉方休；可以採藥草，賞山花，飄飄然隨風而去；也可以飛瑤池，飲瓊酒，騎白鹿，駕青龍，與群仙交遊。而仙人對她也極友好，臨行前王母的侍女董雙成還贈送給她一株五色芝草。在想像中，她已經完全融入了仙境之中，是仙境中的一員了。

與其他遊仙詩不同的是，即使在夢遊仙境之中，葉小鸞也是瀟灑而獨立的。在仙人面前不卑不亢，和他們平等而愉悅地交流，並不是仰望的豔羨姿態，而是自信、從容，充滿個性。而傳說中的仙女董雙成對她也是溫和友好的，一點也沒有高高在上的態度。這是葉小鸞遊仙詩獨特的魅力。她寫遊仙詩，並不完全是為了表達自己對仙境的嚮往，而是想在理想化的生活境界中給自己構造一個心靈家園，在那裡，可以不受現實的任何拘束和羈絆。

小鸞長於深閨，很少接觸外面的世界，只能憑藉詩詞發聲，透過遊仙詩來表達自己對自由的渴望。在俗世之中，葉小鸞想要一個自在天地而不可得，於是在所作的詩詞中建構，因此便有「煙霞」之思。

「煙霞」即是山水，而山水則是仙人隱居之地，是仙境所在之處。遠離俗世，隱身山水，是小鸞想像中享受生命自由和喜悅的方式。

除了葉小鸞，母親沈宜修和姐姐葉紈紈在詩詞中也經常流露出「煙霞」之思。歷史學家傅道彬《中國文學的文化批評》稱：「這種逃隱園林多半帶有精神的象徵意味，那是一種精神的回歸。……林泉之志成為隱居的代名詞，林泉之志寄託著人類的思古幽情，也是詩意的精神棲息地。」

不知這是否也給了後來的清代曹雪芹帶來啟發。在《紅樓夢》中，人間有一個大觀園，而天上亦有一個仙境，人間大觀園的所有女孩在仙境都有封號。她們在人間所有的苦痛悲哀，在仙境就全部消失了。曹雪芹珍惜那些女孩的青春和靈氣，而在凡間，這些女孩最後都受到摧殘，因為當時的婚姻制度給女孩，無論是貴族小姐還是丫鬟婢女，帶來的大多是痛苦。《紅樓夢》裡，寶玉曾說：「女孩兒未出嫁，是顆無價之寶珠，出了嫁，不知怎麼就變出許多的不好的毛病來，雖是顆珠子，卻沒有光彩寶色，是顆死珠了，再老了，更變的不是珠子，竟是魚眼睛了。分明一個人，怎麼變出三樣來？」而在仙境之中，女孩得以保持住她們最寶貴的青春與靈氣，還有尊嚴與驕傲。

據統計，葉小鸞的詩詞中含有佛道思想的有三十多首，寫夢的也有三十多首，遊仙的有二十九首。這五闋〈鷓鴣天〉都是遊仙詞。在這些詩詞中，瀰漫著濃郁的仙隱氣息，充滿「瑤臺」、「瑤琴」、「瑤池」、「飛瓊」的仙隱意象，實令人難以相信出於天真的閨閣少女之手。

這也就是葉小鸞的嚮往吧。她曾寫過一首〈浣溪沙．書懷〉，在心底悄悄發問：「何時驂鶴到仙家。」

幾欲呼天天更賒，自知山水此生遐，誰教生性是煙霞。
屈指數來驚歲月，流光閒去厭繁華，何時驂鶴到仙家。

幾乎想要對天長嘯，而天卻顯得更加高遠。雖然知道山水之思對於此生來說也是一個渺遠的夢想，但是誰讓自己生性就喜歡山水呢？屈指一算，只覺時光流逝真是驚心動魄，而隨著年齡的增長，自己卻越發厭惡俗世之繁華喧鬧。什麼時候，能夠乘著仙鶴隨風而去，去到達那神仙居住的地方呢？

葉紹袁在《書懷》後面批註：「此亦近日所作。嗟乎，其仙風道骨，豈塵凡可以久留得耶？空自悲酸。」這麼一個涉世未深的少女，筆下都是「瑤池」、「隱芝」、「飛瓊」這樣清空別緻的詞語。

仙人大多居住在深山之中，葉小鸞因此曾作一首〈山中思．擬騷體〉，頗得《離騷》之神韻：

山氣深兮岑寂，危巒復兮蒼茫。

上有長松之欹倚，下有古澗之清涼。

俯眺兮平麓，遙瞻兮層谷。水流兮花開，緣崖兮茅屋。風淅淅兮落紅葉之蕭蕭，草萋萋兮映碧蘿之迢迢。

白露兮溼無名之綠草，枯藤兮掛子規之孤巢。

閉石室兮理瑤琴，蔭林屋兮密森陰。渺惆悵兮叢桂，黯思君兮我心。

葉小紈自幼便熟讀《離騷》。《離騷》中的香草美人比興手法，還有浪漫瑰豔的神話傳說給她以深刻影響。於是她便想像著自己徜徉於山水之中，以草木為伴，以茅屋為住所，水流花開，自在逍遙，不受約束。

春天裡，她看到風吹楊花紛紛揚揚，猶如新雪，不由遐想，在瑤臺下，那些瓊花在月下飛舞又是怎樣驚豔呢？於是作下一首〈楊花．近作〉：

春來卻疑雪，點點送春歸。豈若瑤臺下，瓊葩伴月飛。

看著點點楊花，卻想起清寒仙境、瑤臺雪月，充滿迷濛而悽清的美感。葉紹袁批注：「本詠楊花而思及瑤臺雪月，高情挺上，仙則仙矣，一清澈骨，冷氣逼人，豈是享年之道？傷哉痛哉！」

夜晚，她獨自望著那一輪皎皎明月，卻想起了仙女許飛瓊的傳說，不由得悠然神往，寫下一首〈減字木蘭花．秋思〉：

暮蟲悽切，獨倚疏簾清夜月。悵望瑤臺，不見飛瓊步月來。
秋光如練，江上芙蓉開欲遍。流水殘霞，斷送西風入鬢華。

「不見飛瓊步月來」裡的「飛瓊」指的是許飛瓊。傳說許飛瓊是西王母身邊的侍女，住在瑤臺之上。白居易的〈霓裳羽衣舞歌〉中就說：「煙蛾斂略不勝態，風袖低昂如有情。上元點鬟招萼綠，王母揮袂別飛瓊。」並自注道：「許飛瓊，萼綠華，皆女仙也。」

秋天裡，西風烈烈，天氣蕭瑟，金黃的梧桐葉片片飄墜。葉小鸞仰望天空，看到一行大雁在澄空中向南飛去。她真希望這秋雁是一群使者，給西王母送去自己的心願，使西王母能贈予自己金玉漿，讓自己在仙境自在翱翔。她作下了一首〈秋雁〉：

西風天氣肅，蔌蔌梧飄黃。
征人塞上淚，隨雁歸故鄉。
我無遼陽夢，何事飛蒼茫。
所有一緘書，欲致瑤臺傍。
寄之西王母，賜吾金玉漿。
一吸生瓊羽，與爾共翱翔。

葉紹袁批註：「遐思曠想，自當仙去，豈塵世所能久留。」

在〈浪淘沙．秋懷近作〉中，葉小鸞更是直抒胸臆。雖然開始是言愁，但是到了下闋，意境便開闊起來，希望能乘風歸去，直上瀛洲：

青女降枝頭，已解添愁。暮蟬聲咽冷箜篌，試看夜來多少露，草際珠流。
身事一浮鷗，歲月悠悠。問天肯借片雲遊。裊裊乘風歸去也，直上瀛洲。

詞中「問天肯借片雲遊。裊裊乘風歸去也，直上瀛洲」頗得宋代李清照〈漁家傲．天接雲濤連曉霧〉「九萬里風鵬正舉。風休住，蓬舟吹取三山去」的豪邁之氣，別有一種飄逸飛揚的風神。「瀛洲」是海上神山。

《史記．封禪書》中有記載：「蓬萊、方丈、瀛洲，此三神山者，在渤海中。」

小鸞之前詩詞中瀰漫著的「感時」、「恨別」的主題，並不是辛棄疾筆下「少年不知愁滋味」、「為賦新詩強說愁」的無病呻吟，而是對生命無常、對人情世故的體驗與認知。她經歷過與舅父的生離、與舅母的死別，這一切本就讓她對未來的命運產生了隱隱的不安。而父親青年時在外讀書，中年時又在外做官，母親大部分時間也只能獨守空房。長姐葉紈紈則遇人不淑，因此愁腸暗結。這些女性親人都常常透過遊仙詩來排遣苦悶，逃避現實的煩惱，她們對葉小鸞都產生了深刻的影響，尤其是母親沈宜修。沈宜修自言「十六與君婚……惜別亦常情，流波空淚護」。〈憶王孫〉中，沈宜修希望能逃離現實，常駐夢中，如飛雲一般任意逍遙：

天涯隨夢草青青，柳色遙遮長短亭。枝上黃鸝怨落英。遠山橫，不盡飛雲自在行。

平日裡，小鸞和姐妹們除寫詩、作畫、彈琴外，還參禪禮佛。明代的禪宗思想廣為盛行，且對世俗影響較大，葉紹袁的《湖隱外史》分別列了〈梵衲〉、〈飛錫〉、〈靈章〉三章用以記述居於汾湖的佛家大師和占卜之士。《吳江縣誌》本傳稱：「紹袁生有奇慧，博覽群書，兼通釋氏宗教之旨。著有《金剛經注》、《楞嚴集解》等。」

沈宜修也篤信佛教，葉紹袁為她所作的祭文中，就曾感嘆「（沈宜修）竺干梵典，尤極探研」，可見其具有極深的佛學修養。沈宜修不僅自己茹素，也鼓勵兒女們憐愛生靈，學會放生。在日常生活中，她們都以關愛每一種生命為準則：「家奉殺戒甚嚴，蛆螺諸類，未嘗入口，蠕蠕雖微，必護視之。湖蟹甚美，隨因絕蟹不食，他有血氣者又更無論。兒女扶床學語，即知以放生為樂。」據記載，沈宜修在習讀儒家經典的同時，便開始誦讀佛經諸書，「《楞伽》奧旨，《維摩》密義，雖未直印真宗，竊亦漸參悟解」。

在葉紹袁和沈宜修的影響下，午夢堂一門也都熱衷習禪。葉小鸞自然也受影響極深。因此，她的詩文書畫裡，很多都隱隱透著禪機。

葉小鸞曾作偈一首〈曉起聞梵聲感悟．辛未〉：

數聲清磬梵音長，驚動寒林九月霜。大士不分人我相，浮生端為利名忙。
悟時心共冰俱冷，迷處安知麝是香。堪嘆閻浮多苦惱，何時同得度慈航。

詩中直接引用了佛教的「大士」、「閻浮」、「慈航」等詞語，認為世人為名為利空自忙碌，無異於自尋煩惱。「迷」、「相」、「悟」、「名」、「苦」等源於佛教「四諦」中的「苦諦」和「十二因緣」中的「無明」、「名色」觀。《般若波羅蜜多心經》云：「色不異空，空不異色，色即是空，空即是色。受想行識，亦復如是。」葉紹袁批註：「十六歲女子作此偈，何等識見。胸中無半絲塵罣。」

葉紹袁考中進士後，初為南京武學教授，後官至北京國子監助教。但明末官場黑暗，葉紹袁不肯同流合汙，最終辭職歸鄉。

雖然生活艱難，但葉紹袁和沈宜修都盡力支撐起午夢堂，不讓任何生活上的瑣事打擾到兒女。因此，在葉小鸞等葉家兒女看來，葉家仍然是一個翰墨馨香的文學之家，他們仍然可以安心讀書，盡得風雅。

每次讀到兒女的詩文，沈宜修都感到無比安慰。她對葉紹袁說：「慎勿憂貧，世間福已享盡，暫將貧字與造化藉手作缺陷耳。」她認為有這樣靈慧的兒女，我們已經是享盡世間的清福了。若葉紹袁憂心家境，稍露後悔辭官歸隱之意，沈宜修便勸慰丈夫，希望他永遠不要再做當官的夢了：「貧固不因棄官，即棄官貧，依依萱階下，與關山遊子，不庸勝乎？願君永不作春明夢，即夫妻相對，有餘榮矣。」夫妻相守，闔家歡樂，這就是最大的幸福了。

明崇禎五年（西元一六三二年）夏天，江南地區遭遇罕見大旱，汾湖乾涸，葉家家庵寶生庵前的湖底竟露出層層疊疊數不清的太湖石來。這個消息很快傳至四鄉八鄰，引得許多人前去汾湖裡看石。

岸邊的老人們說，相傳這裡百年前是某家庭院，大約這些太湖石是當時園中舊物。葉紹袁覺得這些奇石風雅有趣，於是便花錢僱人把這些太湖石打撈出來，載回家中，並請人把這些太湖石在院子裡疊石壘山，築成各種形狀，作為擺設。

葉小鸞和她的兄弟們便以汾湖中打撈上來的太湖石為題，作成〈汾湖石記〉。葉小鸞的這篇一寫完，就得到了父親的極力讚賞：

汾湖石者，蓋得之於汾湖也。其時水落而岸高，流涸而崖出。有人曰：「湖之湄，有石焉，纍纍然而多，遂命舟致之。其大小圓缺，袤尺不一。其色則蒼然，其形則崟然，皆可愛也。」詢其居旁之人，亦不知誰之所遺矣。豈其昔為繁華之所，以年代邈遠，故淹沒而無聞邪？抑開闢以來，石固生於茲水者耶？若其生於茲水，今不過遇而出之也。若其昔為繁華之所，淹沒而無聞者，則可悲甚矣。想其人之植此石也，必有花木隱映，池臺依倚；歌童與舞女流連，遊客偕騷人嘯詠。林壑交美，煙霞有主，不亦遊觀之樂乎？今皆不知化為何物矣。且並頹垣廢井，荒途舊址之跡，一無可存而考之。獨茲石之頹乎臥於湖側，不知其幾百年也，而今出之，不亦悲哉！

雖然，當夫流波之衝激而奔排，魚蝦之游泳而窟穴，秋風吹蘆花之瑟瑟，寒宵唳征雁之嘹嘹。蒼煙白露，蒹葭無際。釣艇漁帆，吹橫笛而出沒；萍鈿荇帶，雜黛螺而縈覆。則此石之存於天地之間也，其殆與湖之水冷落於無窮已邪？今乃一旦羅之於庭，復使壘之而為山，蔭之以茂樹，披之以蒼苔，雜紅英之璀璨，紛素蕊之芬芳。細草春碧，明月秋朗，翠微繚繞於其顛，飛花點綴乎其巖。乃至楹檻之間，登高臺而送歸雲；窗軒之際，昭遐景而生清風。回思昔之嘯詠流連遊觀之樂者，不又復見之於今乎？則是石之沉於水者可悲，今之遇而出之者又可喜也。若使水不落，湖不涸，則至今猶埋於層波之間耳。石固亦有時也哉！

〈汾湖石記〉構思巧妙，「重情適性」，讀來輕快流暢，如山泉水一般明亮清洌。顯然，葉小鸞不僅博通經史，文風清麗，而且還見解獨到，思想深刻。明汪廷訥撰之

《人鏡陽秋》云：「駢儷之文，涉書便工……〈汾湖石記〉意頗仿歐，雖小用傳奇體，然縈回秀復，不可一讀而置，尤是佳文。」明人衛泳稱：此記「尋想偏在冷處、幽處。撫今追昔，倍增興廢之感，一石中藏萬斛愁矣」。

文章作成，葉紹袁閱後大喜，認為有〈滕王閣序〉的雅致：「何必韓柳大家，初學古文辭，輒能為此，真是千秋靈慧。若使天假之年，當在班、蔡以上。」

葉紹袁自然把女兒的這一得意之作記錄下來。於其著作《葉天寥自撰年譜》載：「夏月大旱，湖水為涸，湖底纍纍聳矗，俱太湖石，故藥欄苔砌間物。湖滸居民云：聞之故老，百年以前，某家園亭在此，疑即是也。水波澌沒，不知邁幾日月矣。興致所寄，取載而歸，兒女好事，摛辭為記。」其《湖隱外史》對此亦有記述：「王申秋，大旱，湖水涸，去自岸而外數丈，有若卷若立，突兀矗起，則皆太湖欄砌石也。人以告余，余曰：『此必昔人花臺藥榭之所也。陵遷谷改，不知何年為此沉沒。其人其世已不可考，而石猶在耶。屈原舊宅，擣衣之具空存；西子故宮，浣紗之跡已杳矣。』遂舟而致之，大非李太尉平泉莊上與米老袍笏拜者，悉鹵莽耳。兒女炫奇，爭相記之。

瓊章時年十七，記能作六朝藻語，刻《返生香》中。」

紙筆書香猶在，而葉小鸞卻在寫完〈汾湖石記〉三個月後忽然病逝，蘭摧玉折，紫玉成煙。

第七章
閨中文社：才女家族的詩書傳統

竹枝詞　葉小鸞

溪水悠悠曲岸回，桃花落處菜花開。
清波日日流長在，春色年年去復來。

一門風雅，著作流芳

葉、沈兩家之中，最為引人注意的，自然是有「明代李清照」之稱的沈宜修。沈宜修，加上葉紈紈、葉小紈、葉小鸞三姐妹，組成了母女詩社。沈宜修堂姐沈大榮曾經評價葉家閨苑：「居恆賡和篇章，閨範頓成學圃。」

沈宜修在持家之餘創作出大量詩詞，與妯娌、姪女、親戚姊妹吟詠唱和，與女兒們的文學雅會最多。明末清初錢謙益在《列朝詩集．閨集》的〈沈氏宛君〉中道：「宛君與三女相與題花賦草，鏤月裁雲。中庭之詠，不遜謝家；嬌女之篇，有逾左氏。於是諸姑伯姊，後先娣姒，靡不屏刀尺而事篇章，棄組而工子墨。松陵之上，汾湖之濱，閨房之秀代興，彤管之詒交作矣。」

葉紹袁說：「余內人解詩並教諸女，文采斐睿，皆有可覽觀焉。」他認為：「丈夫有三不朽：立德立功立言，而婦人亦有三焉：德也，才與色也，幾昭昭乎鼎千古矣。」葉紹袁將女子的德、才、色，與男人的立德、立功、立言並舉，同列為三不朽，樹起一種新型的女性理想人格。他還不遺餘力地推舉兼具才、德、色的妻子、女兒，積極鼓勵家庭成員創作，於是，「一時閨門之內，父兄妻子，母女姊妹，莫不握鉛槧而怡風月，棄針管而事吟哦」。

葉紹袁認為歷代女子並不缺少文才，而是缺少接受教育的機會，心智未得到啟發，因而才華無從得到發揚和展現：「夫既兩尊於天下，然衡才於今，亦猶色焉，寥寥罕所揚說，則又何也？蓋貴富者，綺紈珠翠，簫笙歌舞，其於縹緗，弗嫻習也。下者，刺繡拈針，流黃織錦，甚逮糟鈚滌瀡，躬親御之，其於腆蹬，弗暇識也。」在對兒女的教育上，他認為是沒有男女之別的，一視同仁，同等要求。他也收過女弟子，天啟三年（西元一六二三年），女詩人周慧貞就曾拜在他門下學詩。

葉紹袁還感嘆道：「世間掃眉才子，原自不少，但淹沒無傳多耳。」因此，葉紹袁竭力保護才女們創作的文學作品。沈宜修母女都有自己的專用詩筒，每逢有詩文便放置其中。沈宜修逝世後，葉紹袁為妻女的才華而感到驕傲，也懷念那些逝去的美好時光，於是便將母女唱和之詩文精心整理編纂，再加上自己和兒子們的作品，合刻為《午夢堂集》。當時有人寫詩稱讚他們：「宦海艱危願隱淪，菰煙蘆雪寄閒身。一門風雅才清絕，著作流芳曠代珍。」葉紹袁不僅整理出本家族閨秀文本，還積極收集其他閨秀的散佚詩文，《葉天寥自撰年譜》、《年譜續纂》中就收入了許多閨秀遺篇。

沈宜修也十分看重女性的才華，對女性作品的遺失感測到很惋惜，因此她有意識地輯錄同時代的女性作家作品，希望這些作品能夠流傳下來。她除了自己勤奮寫作之外，還編輯了一本《伊人思》，書中共輯入四十四位同時代女詩人的詩、詞、賦、序數百篇（首）及唐宋間女詩人的軼事十多則。沈宜修在自序中說：「世選名媛詩文多矣，大多習於沿古，未廣羅今。《太史公傳．管晏》云：『其書世多有之，是以不論。論其佚事。』余竊仿斯意，既登琬琰者，弗更採擷。」其他書籍選錄的，她不再輯錄，而「片玉流聞，並及他書散見，俱為彙集，無敢棄云」。葉紹袁在〈伊人思小引〉中云：「《詩》曰：『蒹葭蒼蒼，白露為霜。所謂伊人，在水一方。』又曰：『相彼鳥矣，求其友聲。矧伊人矣，不求友生。』」後來葉紹袁將《伊人思》也收入《午夢堂集》，流傳後世。

葉、沈二人非常注重對子女文學素養的培養。兒女「四五歲，君（沈宜修）即口授《毛詩》、《楚辭》、〈長恨歌〉、〈琵琶行〉，教輒成誦，標令韶采，夫婦每以此相慰」，等其略年長之後，即「解詩並教諸女，文采斐睿，皆有可覽觀焉」。諸子大者與論文，小者讀杜少陵詩，琅琅可聽。沈自徵說：「(姊)生平鍾情兒女，皆自為訓詁，豈第和膽停機，亦且授經課藝。當夫明月登臺，則簫史共賦；飛霰集戶，則謝女呈篇。」沈宜修也是一個極有生活情趣的人。明月登臺之時，她與葉紹袁一同賞月做賦，兩人便如同簫史弄玉般的神仙眷屬；白雪紛飛之時，她和東晉謝安一樣考較兒女功課，孩子們亦如謝道韞一般錦心繡口。

葉紹袁前期多遊宦在外，沈宜修不但操持葉家生活，孝養老人，撫養孩子，還獨自承擔兒女的課業。子女辭采出眾，都是沈宜修悉心教導與指點的緣故。在〈返生香序〉裡，沈自炳就高度評價了其姊沈宜修對子女教育所付出的努力：「母氏宛君，吾家道韞也。教三女：長昭齊，次蕙綢，皆知詩屬文，而瓊章尤為挺拔。」

沈宜修親自教孩子誦讀，兒女們又極為聰慧，「教輒成誦，標令韶采」，給她帶來了很大的慰藉。她常把子女們稱為「閨中友」，而在日常的生活中，她也是以平等的態度和兒女們交流，溫柔可親，細心體貼。

沈宜修也常把教導孩子讀書的過程寫成詩詞。〈漫興〉一詩中有「竹影漸看移日影，窗前稚子讀《離騷》」之句。而她高雅的生活情趣，也對兒女們的心智成長與性格形成有著深刻影響。

沈宜修素來愛梅，也愛雪，梅花傲骨，冰雪精神，是她人格的投射。她曾作十餘闋〈浣溪沙．詠雪〉詞，試看其中三首：

細剪瑤華屑作塵，梅花長怨柳花春，梁園詞客賦交陳。
淅瀝半添修竹韻，紛紜偏作綠苔茵，瓊枝玉樹一時新。
淅淅隨風入畫廊，沾來彩袖恨非香，故教撒粉惱何郎。
千片紈絲裁扇冷，一庭柳絮鬥鹽忙，灞橋可是勝瀟湘。
瀟灑幽窗徹夜明，飄颻散影積閒庭，謝莊衣上點盈盈。
喚女欲將呵手靧，呼兒捻取作茶烹，松風颯颯滿簾生。

這三闋詞中，新雪出塵，隨風入廊，梅花馥鬱，瓊枝玉樹，而詞人見幽窗徹夜明亮，晨起一看，才明白是雪光對映之故。而衣服上亦是沾上了點點微雪。於是，她便叫兒女們出來，用雪清洗臉和手，並把雪水收集起來烹茶喝。雪水清醇，飲之只覺清氣滿簾，如有颯颯松風拂來。

這對兒女們來說，又是極風雅有趣的回憶了。

幾個女兒稍稍長大一點，在教讀詩書之餘，沈宜修也教她們學習一點女紅，並作下〈夏初教女學繡有感〉：

憶昔十三餘，倚床初學繡。
不解春惱人，唯譜花含蔻。
十五弄瓊簫，柳絮吹黏袖。
挈伴試鞦韆，芳草花陰逗。
十六畫娥眉，娥眉春欲瘦。
春風二十年，脈脈空長晝。
流光幾度新，曉夢還如舊。
落盡薔薇花，正是愁時候。

在這首詩中，沈宜修回憶起小時候學習繡花的情景。那時自己才十三歲，不解春意惱人，只是一心一意學繡。到了十五歲，便在春風中吹簫，柳絮飄飛，沾滿衣袖。和女伴們盪鞦韆，在芳草花蔭中嬉戲。到了十六歲，便要準備出嫁了，她細細地畫著蛾眉，這時少女初識愁滋味，也感覺到大好春光正在漸漸逝去。如今彈指二十年，少年往事，彷彿歷歷在目。而女兒們都漸長大，也要學繡，「流光幾度新，曉夢還如舊。落盡薔薇花，正是愁時候」，時光飛逝，韶華不再了。

葉家世代書香，藏書豐厚。當年葉紹袁的父親葉重第亡後，遺「書一床」，葉紹袁亦為書痴，遇有典籍，常盡力而求。在他任南京國子監時，「同年同郡，及他相識，託余印《十三經》、《二十一史》，大都二十餘金便可印兩部矣。余代人印去甚多，而不能印一本歸。官貧無他恨，此可恨耳」。沈宜修曾道：「然貧士所有，不過紙筆書香而已。」家中第四子葉世佪亦稱：「平日，父母常有分與，或祖傳書典，或隨常器什，諸如紙筆、刀礪之屬。」葉家女兒便在這濃郁的書香氛圍中成長起來了。

在沈宜修的教導下，葉氏三姐妹特別善於捕捉生活中細小但閃光的片段，將其轉換為創作的素材，彼此唱和，彼此欣賞，在詩詞中吟詠家庭生活中的賞心樂事，也抒發自己對於大自然、對於午夢堂的熱愛。她們在創作中眷戀著午夢堂裡的一草一木、一花一石，也珍惜對手足、對好友（侍女）的感情。沈宜修著意引導，家中經常舉行詩詞雅會，即圍繞同一個題材寫出精采絕倫的作品來，爾後相互欣賞、相互品評，滿紙都是清詞麗句，佳作妙語。

沈宜修曾與三個女兒一起以《四時》為題，同韻分別創作〈春〉、〈夏〉、〈秋〉、〈冬〉四詩，把自然與情感結合起來，表達情緒。

《四時》中的〈春〉之詩歌尤其精采。葉小鸞所作如下：

春雨霏微花氣浥，江村處處春相及。
半庭芳草黛煙濃，一樹梨花粉痕溼。
數聲啼鳥罥游絲，曉來拂拂東風急。
東風蝴蝶尋香飛，新鶯欲語嬌還澀。
陌上堤邊更可憐，香車寶馬紛相集。
高樓簾卷畫屏開，落花飛絮隨風入。
榆錢滿地更堪愁，難買東君又九十。
折花安頓膽瓶中，猶恐春光暗收拾。

沈宜修所作如下：

瑤臺芳氣叢香浥，曉煙織幌絲何及。
杏花開爛玉人天，晨光盡帶胭脂溼。
垂楊搓線掛東風，千縷萬縷穿風急。
漢鎖隋堤萬種情，柔條漾處新鶯澀。
游絲更裊清晝長，落花舞蝶紛盈集。
海棠獨映畫欄前，捲簾忽見泥香入。
天涯芳草綠無邊，堪羨韶光盈九十。
但嗟此日正芳菲，何事東君欲收拾。

葉紈紈所作如下：

東君遍把香塵浥，枝頭處處春光及。
閒心踏草草遍芳，淚眼看花花盡溼。
深閨簾卷日長時，羅衣乍試春風急。
游絲路上自鞦韆，獨坐幃香屏影澀。
清明寒食斷腸天，可憐繡陌遊人集。

畫橋煙暖漲晴波，武林花泛漁舟入。
黃鶯睍睆燕呢喃，揉碎韶華餘幾十。
一番風雨過欄前，滿庭紅紫空相拾。

葉小鸞所作的〈夏〉、〈秋〉、〈冬〉如下：

夏

槐陰滿地人初起，呢喃掠水風翻紫。
晝閒只有鶯亂啼，香氣菁蔥浮芳芷。
池中菡萏羨霞妝，簾前茉莉含冰蕊。
蕉葉風清映畫廊，畫廊曲繞鴛鴦沚。
寂寞枝頭落槿花，人靜棋聲碧窗裡。
夢迴枕簟玉肌涼，繡床團扇清如水。
朱欄倦倚晚風多，落霞夕霽如明綺。
漸看新月掛枝梢，隔浦採蓮歌未已。

秋

銀河黯淡流螢度，怨蛩脈脈啼秋露。
砧聲何處搗閨衣，夜色悽悽泣寒兔。
蕭瑟西風蔓草衰，芙蕖猶落餘香娉。
隔窗絡緯織更殘，銀床梧葉摧黃羽。
閒雲來往自悠悠，空庭滴瀝青蘚雨。
雨絲寂寞柳煙消，溼月籠香浮桂樹。
桂影重階不捲簾，傷秋人向憑欄暮。
蕭蕭楓葉落吳江，湘鴻幾處雲中素？

冬

黃昏譙鼓傳初刻，重重羅幕寒悽惻。
一雁孤飛半夜驚，千林凍色連雲織。
笛聲吹曉戍樓風，漁舟冷遍蘆花國。

棲烏啞啞寒不飛，梅花影瘦西窗側。
天孫剪冰作瑤花，美人粉染青山色。
曉來妝罷隔簾看，金樽猶恐寒相逼。
白雪金樽酒一卮，玉山欲頹裊無力。
還思此日征人淚，少婦流黃長嘆息。

雖然晚明的社會風氣相對開放，女性也得到了施展才華的空間，接受教育的機會也更多，但是仍多限於家庭內部，偶爾能走出家門也只限於節日時。作為大家閨秀，沈宜修和葉小鸞姐妹也無法出門去看看廣大天地，活動的範圍也只限於閨閣之內，波瀾不驚，缺乏變化，寫作的內容也只能是每天的起居飲食。這使得閨閣詩社的視野、題材和格局都顯得比較狹窄：「詞皆狹窄纖小，屬小慧側豔之風。」

與古代男性文人作品中縱深的歷史感、恢宏的宇宙意識以及吞吐山川永珍的氣魄相比，很多女性作家所關注的往往只是現時現世親族間的人倫之情以及包括閨房、庭院在內的一方小天地。但是她們的靈心慧質、詩情畫意讓生活充滿了樂趣。花開花落、雲捲雲舒、月滿西樓、畫廊梨花等都帶給她們由衷的歡喜，然後流動成她們筆下一首首靈氣四溢的詩詞。這些詩詞是她們真情實感的流露，極富生命力和感染力。

天啟七年（西元一六二七年），沈宜修隨著丈夫葉紹袁帶著婆婆和子女來到南京。恰逢沈家兄弟也來到了南京參加科舉考試。沈宜修見到弟弟們，自然是格外喜悅。南京烈日炎炎，沈自炳便送給姐姐一把團扇用來扇風。團扇十分精美，上面還有沈自炳的題詩。沈宜修非常喜歡這把團扇。後來，葉紹袁去北京赴任，沈宜修又和全家人一起回到了吳江。倏忽三年過去，崇禎三年（西元一六三〇年），沈宜修和沈家兄弟再次相聚，想起此事，感念當年兄弟的關心，也惦記起遠在京城的丈夫，於是特地作〈水龍吟〉二首以示紀念。

在序中，沈宜修說：「丁卯，余隨宦冶城，諸兄弟應秋試，俱得相晤。後仲韶遷北，獨赴燕中，余幽居忽忽，恍焉三載，賦此志慨。」

西風昨夜吹來，閒愁喚起依然舊。苔錢繡澀，蓉姿粉淡，悴絲搖柳。煙褪餘香，露流初引，一番還又。想秦淮故跡，六朝遺恨，江山不堪回首。

莫問當年秋色，瑣窗長自簾垂繡。淹留歲月，消殘今古，落花波皺。客夢初回，鐘聲半曙，雁飛歸候。便追尋錦字春綃，多付與，寒笳奏。

這時丈夫在京城，沈宜修幽居獨處已經整整三年。一夜西風呼嘯，她回憶起年少時無憂的少女時光，回憶起新婚燕爾時的甜蜜溫馨。來到南京，看到秦淮舊跡，今昔變遷，自己也已經是不復少女朱顏。而現在，夫妻倆聚少離多，感情中畢竟多了酸楚和離恨，也是今非昔比。歲月悠悠，感慨萬千。

三個女兒見母親感觸頗深，也紛紛提起筆來唱和。葉紈紈在小序中寫：「次母韻早秋感舊，同兩妹作。」詞云：

其一

秋來憶別江頭，依稀如昨皆成舊。羅巾滴淚，魂消古渡，折殘煙柳。砌冷蛩悲，月寒風嘯，幾驚秋又。嘆人生世上，無端忽忽，空題往事搔首。

猶記當初曾約，石城淮水山如繡。追遊難許，空嗟兩地，一番眉皺。枕簟涼生，天涯夢破，腸斷時候。願從今但向花前，莫問流光如奏。

其二

蕭蕭風雨江天，淒涼一片秋聲逗。香消菡萏，綠催蕙草，煙迷遠岫。浪捲長空，雲輕碧漢，薄羅涼透。恨西風吹起，一腔閒悶，那勝鏡中消瘦。

寂寞文園秋色，這情懷，問天知否？簷鈴敲鐵，琅玕折玉，聽殘更漏。淡月疏簾，小庭曲檻，且還斟酒。算從來千古堪悲，何用空沾衫袖。

葉小紈的詞則題為〈水龍吟．秋思和母韻〉。詞曰：

西風一夜涼生，小庭秋色還依舊。井梧聲碎，驚回殘夢，鴉啼衰柳。竹粉全消，荷香初散，韶光難又。看階前細草，凝愁凝怨，無語㦥㦥低首。

幽徑湖山徙倚，雨方收、苔痕如繡。萍蕪飄盡，曲池清淺，照人眉皺。野寺疏鐘，長江殘月，去年時候。謾追思付與，中流聽取，夕陽蟬奏。

葉小鸞則在小序中寫道：「秋思，次母憶舊之作，時父在都門。」詞曰：

其一

井梧幾樹涼飄，滿庭景色仍如舊。啼鴉數點，斜陽一縷，掛殘疏柳。有恨林花，無情衰草，風吹重又。看輕陰帶雨，天涯萬里，樓高漫，頻搔首。

記泊石城煙渚，落紅孤鶩、常如繡。輕舟畫舫，布帆蘭枻，暮雲天皺。水靜初澄，蓼紅將醉，早秋時候。對庭前、蕭索西風，唯有寒蟬高奏。

其二

芭蕉細雨瀟瀟，雨聲斷續砧聲逗。憑欄極目，平林如畫，雲低晚岫。初起金風，乍零玉露，薄寒輕透。想江頭木葉，紛紛落盡，只餘得，青山瘦。

且問泬寥秋氣，當年宋玉應知否？半簾香霧，一庭煙月，幾聲殘漏。四壁吟蛩，數行征雁，漫消杯酒。待東籬、綻滿黃花，摘取暗香盈袖。

小鸞這兩闋詞，通篇都是意象的鋪排，芭蕉、細雨、砧聲、平林、低雲、晚岫、金風、玉露、木葉、青山、香霧、煙月、殘漏、吟蛩、征雁、東籬、黃花。用詞遣句深得宋代李清照的神韻，尤其最後一句「待東籬、綻滿黃花，摘取暗香盈袖」更是直接從李清照〈醉花陰〉「東籬把酒黃昏後，有暗香盈袖。莫道不銷魂，簾卷西風，人比黃花瘦」中化出。

沈宜修思念丈夫，作有不少幽怨小令，如〈浣溪沙．和仲韶寄韻〉：

春事闌珊可怨嗟，愁看柳絮逐風斜，碧雲天際正無涯。

莫問燕臺曾落日，休憐吳地有飛花，春風總不屬儂家。

雖然她生性溫柔體貼，也體諒丈夫，但是眼看春花秋月虛度，心中難免生出愁怨，「春風總不屬儂家」。

葉氏三姐妹也紛紛吟詠以寄思念之情。崇禎三年（西元一六三〇年），當時葉紹袁正擔當朝陽門城守，忙於政務之餘，寄了一首詩歸家，葉氏三姐妹都作了和詩，都是寬慰父親的作品。

葉紈紈和云：

讀罷家書反更嗟，可憐歸計又應賒。
愁心每幸人皆健，望眼頻驚物換華。
淚向來詩長自落，夢隨去雁幾回斜。
天涯客邸唯珍重，但願加餐莫憶家。

葉小紈和云：

讀罷題封暗起嗟，關山直北路偏賒。
身依魏闕驚烽火，夢繞高堂感鬢華。

薊苑霜濃新月瘦，吳江楓落夕陽斜。
陳情乞得君恩許，寒驛梅開好到家。

葉小鸞和云：

別離歲久各諮嗟，蕭瑟西風道裡賒。
鄉信幾傳遙涕淚，歸期屢約黯年華。
羌夷笛裡寒梅落，閶闔宮前御柳斜。
胡馬於今應出塞，暫須寬慰莫思家。

遠在京城的葉紹袁收到這些詩，大為安慰。後來小鸞去世後，葉紹袁翻撿出葉小鸞這首詩，在詩後注道：「尚欲寬慰父懷，其如一死，使父肝腸寸寸碎也。詩墨猶新，人安往哉？傷哉痛哉！」

沈宜修生性溫柔端雅，對下人也是和顏悅色。葉家的侍婢很多是被拋棄的孤兒，沈宜修真心疼惜她們。她有一名婢女名字叫做尋香，年僅十二歲便因病夭亡。沈宜修在她生病時便想方設法為她尋醫問藥，還親自為她煎藥，在她病逝之後，她又讓葉紹袁以禮埋葬尋香，還填詞一闋表達對尋香的悼念：

> 巫女腰肢天與慧。淺發盈盈，碧嫩紅欄蕙。滿地鶯聲花落碎，春茸剪破難重綴。
> 蝴蝶尋飛香入袂。不道東風，拍斷游絲脆。最是雙眸秋水媚，可憐雨濺胭脂退。

詞下有題記：「小婢尋香，婀娜有致，楚楚如秋棠。可憐年十二而死，愴然哀之，賦此。」那淺發盈盈的少女尋香，猶如一隻飛入她衣袖中的美麗蝴蝶那樣輕巧而惹人憐愛，然而少女卻早逝了，就像蝴蝶被東風拍斷了翅膀一樣，讓她感到無限悲哀和惋惜。正因如此，沈宜修對其他婢女又更加關愛了幾分。

她還有一名婢女名叫隨春，「年十三四即有玉質，肌凝積雪，韻彷幽華，笑盼之餘，風情飛逗」。隨春長到十六歲，生得嬌憨可愛，很得家人喜歡。沈宜修曾為隨春作詞二闋，描畫這少女初長成的俏麗與輕盈：

其一

> 凌波微步，己入陳王賦。薄命誰憐愁似霧，惱亂燈前無數。
> 櫻桃紅雨難禁，梨花白雪空吟。落得春風消瘦，斷腸淚滴瑤琴。

其二

楊花無力，拂袖憐春色。長愛嬌嗔人不識，水剪雙眸欲滴。
春風寶帳多情，襄王空惹雲行。惱得東君惆悵，夜寒脈脈愁盈。

一日，楊柳在風中輕輕搖擺，簾前草色青青，隨春摘了一枝花，在撲打那些圍著花翩飛的蝴蝶，神情若嗔若喜，很是動人。

葉紈紈、葉小紈、葉小鸞三姐妹在庭院中作詞，見隨春如此，都是好笑。平日裡都是玩鬧慣了的，於是三姐妹就決定以隨春為主題來作一闋〈浣溪沙〉。很快，三姐妹都一揮而就，詞作好了，便紛紛擱下筆來，相互交換著看。

葉紈紈在序中特別標明「同兩妹戲贈母婢隨春」。詞曰：

楊柳風初縷縷輕，曉妝無力倚雲屏，簾前草色最關情。
欲折花枝嗔舞蝶，半回春夢惱啼鶯，日長深院理秦箏。

葉紈紈的詞，更注重在滿園春色的背景下來進行人物動態的刻畫，在她筆下，隨春顯得清新可人。「嗔」、「惱」更是活脫脫地勾勒出少女隨春的動人情態。隨春嬌俏可人，也能吟詩作詞，還會彈箏，和葉小鸞的侍女紅于一樣，也是一位不俗的少女，在詩詞中更具有審美意義。

葉小紈寫的詞為〈浣溪沙．為侍女隨春作〉：

鬢薄金釵半嚲輕，佯羞微笑隱湘屏，嫩紅染面作多情。
長怨曲欄看鬥鴨，慣嗔南陌聽啼鶯，月明簾下理瑤箏。

葉小紈筆下則描寫了隨春的服飾和表情。寫少女髮絲輕軟，薄薄的髮髻都插不住金釵，金釵都微微下垂；寫她躲在屏風之後含羞而笑，忽然間便紅了臉，這個細節描寫很是生動。在院子裡，隨春倚著曲欄看著鬥鴨，在南園路上聽著黃鶯鳴叫。夜晚來臨，月色清明，隨春便在簾下輕輕彈奏瑤箏。

葉小鸞在序中也寫明「同兩姊戲贈母婢隨春」，詞曰：

欲比飛花態更輕，低迴紅頰背銀幕，半嬌斜倚似含情。
嗔帶淡霞籠白雪，語偷新燕怯黃鶯，不勝力弱懶調箏。

這裡葉小鸞也注意到了隨春容易臉紅的特點，還注意到了隨春少女體態的輕盈綽約，「偷」、「懶」用得十分別致，新穎不凡。單從這些詞作都能看出來，三姐妹各有所長，而葉小鸞的詞作顯得更為靈雋新巧。

三姐妹看著彼此的詞作，都是覺得各有各的好，彼此稱賞。葉紈紈見兩個妹妹用韻都與自己相同，於是，就又作了一首不同韻的：

前調（前闋與妹同韻，妹以未盡，更作再贈）

翠黛輕描桂葉新，柳腰嫋娜襪生塵，風前斜立不勝春。
細語嬌聲羞覓婿，清臚粉面慣嗔人，無端長自惱芳心。

這首詞明顯就是紈紈在打趣了，說隨春在這大好的春光裡是想嫁人，想討一個好夫婿了。

隨春自然臉紅，拉著葉紈紈又是笑，又是鬧，少女們樂作一團。沈宜修見女兒們寫得開心，禁不住也提起筆來，給隨春作了兩闋小詞，在序中寫：「侍女隨春，破瓜時善作嬌憨之態，諸女詠之，余亦戲作。」詞曰：

其一

袖惹飛煙綠鬢輕，翠裙拖出粉雲屏，飄殘柳絮未知情。

千喚懶回佯看蝶，半含嬌語恰如鶯，嗔人無賴惱秦箏。

其二

春滿簾櫳不耐愁，蔚藍衫子趁身柔，楚颱風月那禁留。

畫扇半遮微艷面，薄鬟推掠只低頭，覷人偷自溜雙眸。

破瓜是指女子十六歲。隨春是沈宜修的侍女，平日裡沈宜修也並未把隨春看成下人，而是把她當作女兒一般疼愛，因此這首詞裡，隨春的嬌憨之態刻畫得更為到位。

蘆花如雪，扁舟載酒

江南人文薈萃，兼具形勝之美，葉氏世居汾湖，地處嘉興、吳江交界，「吳多佳山水，莫不可遊觀」。袁中道稱：「天下之質有而趣靈者莫過於山水。」因此，葉家姐妹們除了在一起對席讀書、彈琴作畫、詩詞唱和外，還常常結伴外出遊玩，尤其是在清明、端午、元宵這樣的節日裡。而開明的父母並不約束她們。

她們可以划著小船去採蓮花、摘菱角，還可以買到湖中新鮮的魚蟹。遊玩之時，她們自然也不忘取出筆墨，分韻作詞，留下了不少描寫汾湖美景的清新之作，如水墨揮就的寫意畫，充滿了生活情趣。

葉紈紈曾作〈竹枝詞〉十首，描寫的是汾湖春、夏、秋、冬四時景色，試看其中六首：

綠樹蔭陰繫釣船，漁蓑常掛夕陽天。
門前野色時時好，湖上鱸魚歲歲鮮。

江邊綠樹繁茂蔭涼，漁人把釣船繫在樹下，他身上的蓑衣被夕陽瑰麗的光暈所浸潤著。真是羨慕這漁人水上的生涯，可以每天看到清幽的山野之色，可以每天吃到湖上新鮮的鱸魚。

秋來菱芋味新鮮，雪白銀魚更可憐。
八月良宵堪賞處，一村燈火月當天。

秋天來了，菱角和芋頭都是最清脆爽口的時候，而雪白的銀魚則更是令人食指大動。八月夜晚最值得欣賞的風景，莫過於一村莊閃閃爍爍的溫暖燈火。皓月當空，投灑著溫柔如水的光。

霜染楓林葉半疏，碧天寥廓雁來初。
家家煮蟹沽村酒，遇得豐年樂有餘。

楓林經霜而紅，葉子已經落了一半，青天寥廓無邊，一行秋雁徐徐飛來。正是吃螃蟹的好時節，家家都在煮螃蟹。在村口打上些酒，準備把螃蟹做成下酒菜。遇到這麼一個豐收之年，真是其樂融融。

湖月團團湖水清，春來春去幾陰晴？
不知多少風波起，斷送行人白髮生。

湖水清澈，湖上一輪團圓月，然而春來春去，又見了多少次陰晴圓缺？不知道這荏苒時光當中，又起了多少風波，讓遠行之人，白髮叢生。

平野春深開遍花，花開花落過年華。
不知歲月將人老，但見溪流日又斜。

已經春深了，平原野地鮮花盛開，但花開過很快就謝了，這也如同人的年華。歲月催人老呀，眼見得溪水脈脈，而日光又已西斜，一天又過去了。

白蘋煙盡蓼花紅，一片秋光似鏡中。牧笛晚來何處發，數聲驚落半天鴻。

水中浮萍上的煙霧漸漸散盡，水邊蓼花也紅了，一片秋光，明淨如鏡。忽然聽到一陣悠揚的牧笛聲，不知道是何處發出的。笛聲嘹亮，驚落了幾隻飛鴻。

葉小紈所寫的〈汾湖竹枝詞〉為：

露漸濃時霜作威，低田割得早禾歸。
新芻白酒蘆墟好，小簖分來紫蟹肥。

露水漸濃，霜降漸多，正是白露為霜的時節。田裡的早稻都已經割完了。懷抱汾湖的蘆墟鎮真是個好地方呀，漁人蟹簖裡都是滿滿的紫蟹。

好景年年三二月，桃花開遍向春風。
絳田紅宅傳名久，只在沿湖十里中。

一年最好的景緻莫過於二三月的早春了，沿湖十里的春風裡都是一朵朵明媚新妍的桃花，讓人的心都跟著明亮亮的了。

分湖之水碧於天，不數吳江第四泉。
湖畔人家無個事，銀魚起網最新鮮。

汾湖的水真是比天還要青碧，可以稱得上是吳江第四泉了。湖畔人家閒來無事，便撒網捕魚。葉小鸞也寫有〈竹枝詞〉八首：

其一

溪水悠悠曲岸回，桃花落處菜花開。
清波日日流長在，春色年年去復來。

溪水脈脈地沿著曲折的溪岸流動著，桃花紛紛隨風而落，而金黃色的油菜花正在盛開。這溪水每日長流不斷，而春色也是年年歲歲，逝盡又來。

其二

門外枝枝楊柳青，東風歷亂拂煙汀。
無端昨日花如雪，化作江頭數點萍。

門外楊柳枝頭泛青，東風輕拂著煙霧繚繞的水中小洲。昨天飛花如雪，只看到江面上有片片浮萍。

其三

芳草萋萋綠似煙，平橋流水日潺潺。
風來禾黍吹低浪，雨後荷花色更妍。

芳草萋萋，綠得輕盈，便如同綠色的煙霧一般，平橋下流水潺潺。風吹麥浪，雨荷更顯嬌嫩。

其四

荻花灘息白鷗機，灘上行人日暮稀。
人去人來人自老，夕陽常逐片帆飛。

荻花瑟瑟，白鷗在灘上起起落落，而太陽西斜，行人也漸漸少了。人去人來，行色匆匆，而人也在這期間老去了。只獨自看那夕陽，追逐這點點白帆，燦爛飛揚。

其五

板扉茅屋野人家，綠樹蔭蔭一半遮。
小艇無風來去穩，滿湖明月捉魚蝦。

被綠樹樹蔭遮了一半的板扉茅屋，正是鄉野人家所在。水面無風，如明鏡一般，小舟穩當地行駛著。夜晚明月高懸，滿湖皎潔，於是，就在這清風明月中捕捉魚蝦。

其六

秋入湖邊清若空，蘋花搖盪浪花風。
漁人網得霜螯蟹，深閉柴門暮雨中。

湖邊已經感覺到清冷空靈的秋意了，江面起風，蘋花搖曳，浪花朵朵。漁人在江上撒網，忙著捉螃蟹。傍晚下起了雨，漁人滿載而歸，之後便深閉柴門，好好享受屬於自己的晚餐了。

其七

蘆花如雪稻初收，雁陣來時已暮秋。
煙樹參差繞湖際，浪痕來去送行舟。

江邊蘆花搖曳，如同新雪一般，稻子也收割完了。大雁歸來之時，已經是暮秋時分了。湖邊樹木參差，漁船上浪痕宛然，彷彿是浪花在迎送船隻來往。

其八

儂家門外對清溪，日日深林鳥自啼。
春去春來花遍野，月圓月缺水平堤。

漁家門外就是一條清澈小溪，還有一片樹林，天天都可以聽到鳥自在啼叫。春去春來，看得到鮮花遍野、月圓月缺，也欣賞得到堤上風光。

除了竹枝詞，葉氏姐妹還有不少描寫汾湖的佳作。葉小鸞曾作〈舟行〉：

舸搖秋水碧如天，兩岸蘋花落日邊。
只有楓江秋色好，賣魚沽酒盡漁船。

小船搖搖，秋水寧靜，碧青如天。兩岸蘋花在夕陽中搖曳。江邊楓樹已經紅透了，風光正好。漁船在江邊雲集，正在賣魚買酒。

輕雲淡淡水悠悠，野鷺沙鷗浴蓼洲。
楊柳煙斜臨古渡，小橋深處一漁舟。

輕雲淡淡，流水悠悠。蓼花開滿的小洲上，野鷺沙鷗起起落落。古渡口邊，楊柳如煙霧一般迷濛著，小橋深處，藏著一葉漁舟。

芊芊芳草綠平川，遠樹微茫插遠天。
春水一江帆影亂，野花迎棹向人憐。

芳草柔嫩而茂盛，整個原野綠意盈盈。遠方的樹則顯得微茫，似乎是插在遠天之上。春江水上倒映著點點帆影，用船槳划到岸邊，那槳旁的野花燦然好看，令人心中喜愛不已。

黃鳥啼時春已闌，扁舟載酒惜花殘。
遠山如黛波如鏡，宜入瀟湘畫裡看。

黃鶯在啼叫的時候，春天就已經接近尾聲了。乘一葉扁舟在江中泛遊，花瓣隨風飄落到身邊，不禁對花生出憐意。放眼望去，遠遠的山巒如同少女的一抹黛眉，而水波不興如同明鏡，更像是一幅瀟湘的水墨畫。

這裡用「瀟湘」二字是意味深長的。葉小鸞是江南才女，從來沒有去過楚地，卻在詞中頻繁運用楚地意象，據統計多達二十九處。「瀟湘」二字有其獨特的文化背景，主要是湘妃含怨、屈子投江等歷史傳說和典故，瀰漫著悽美清涼而又飄忽瑰豔的意境。不僅是葉小鸞，沈宜修也曾以此入詞，沈宜修〈江城子．重陽感懷〉下闋詞云「韶華荏冉夢淒涼。望瀟湘，正茫茫」，也是用「瀟湘」二字點染出悽豔之感。《紅樓夢》中曹雪芹給林黛玉取號「瀟湘妃子」，也是大有深意。

葉小紈則是寫有一組《採蓮曲》，其中描寫採蓮女，一派天真爛漫，用筆清靈閒雅。

其一

生長江頭慣採蓮，蘭橈肥東水雲邊。紅顏灼灼花羞豔，更借波光整翠鈿。

其二

棹入波心花葉分，花光葉影媚晴曛。無端捉得鴛鴦鳥，弄水船頭溼畫裙。

「無端捉得鴛鴦鳥，弄水船頭溼畫裙」是化用唐代皇甫松〈採蓮子〉中的「晚來弄水船頭溼，更脫紅裙裹鴨兒」。

葉小鸞也有一闋〈點絳唇．詠採蓮女〉：

粉面新妝，淡紅衫子輕羅扇。昨宵鄰伴，來約蓮塘玩。

棹泛扁舟，影共蓮花亂。深深見，綠楊風晚，空載閒愁返。

在小鸞的這首詞裡，採蓮女只顧盪舟賞花，被美景迷花了眼，忘記了採蓮，只能載著淡淡閒愁回家。不同於二姐沉浸於採蓮之樂、採蓮女之美的歡喜愉悅，葉小鸞的詞作中總是籠罩著一種淡淡的哀愁與悲涼之感。

第八章

姐妹詩才：葉氏家族的文學輝煌

別蕙綢姊　葉小鸞

歲月驚從愁裡過，夢魂不向別中分。
當時最是無情物，疏柳斜陽若送君。

汾湖諸葉，葉葉爭輝

沈宜修堂姐沈大榮在《葉夫人遺集序》中寫葉家姐妹：「其女甥四人，唯季襁褓，孟曰昭齊，仲曰蕙綢，叔曰瓊章，皆美慧英才，幽閒貞淑。」葉小鸞是葉氏三姐妹中最小的也是最為聰慧的一位，詩文清麗婉絕，語多奇思。有人讚道：「汾湖諸葉，葉葉爭輝，連枝競豔，幼最娥眉。」在葉氏子女中，前人對葉小鸞的評價也是最高的。

明末清初陳維崧《婦人集》評葉氏三女才調，認為「瓊章尤英徹，如玉山之映人，詩詞絕有思致」。清代陳廷焯《白雨齋詞話》卷三云：「葉小鸞詞筆哀豔，不減朱淑真。求諸明代作者，尤不易覯也。」他又說：「閨秀工為詞者，前有李易安，後則徐湘蘋。明末葉小鸞較勝於朱淑真，可為李、徐之亞。」陳廷焯在《雲韶集》又評：「瓊章詞之致，尤出姊昭齊之右。」

有一天早上，葉小鸞在疏香閣內醒來，見窗外已有熹微晨光，她起身撩開窗簾，只見遠處有淡淡煙霧縈繞，青山一發，連著芳草萋萋的小洲。碧草上的清澈露水一滴滴墜落下來，彷彿被碧草染綠了。

這樣一個美好的春日，少女心中不免溢滿了歡喜，於是就對鏡梳妝。風吹簾動，有花草清香細細自簾外吹來，令人心曠神怡。這時日頭已經高了一些，窗外綠柳紅花，鶯啼蝶舞，一派明媚。於是，小鸞便乘興又作〈曉起〉一詩，題於疏香閣上：

曙光催薄夢，淡煙入高樓。
遠山望如霧，茫茫接芳洲。
清露滴碧草，色與綠水流。
窺妝簾帷卷，清香逼衣浮。
聽鶯啼柳怨，看蝶舞花愁。
茲日春方曉，春風正未休。

小鸞作了這首詩之後，自己心裡也覺得意。於是就去找兩位姐姐，邀請她們作詩。葉紈紈和葉小紈見妹妹如此有興致，被她所感染，也高興起來，便各作一詩題之。

葉紈紈的詩題為〈題瓊章妹疏香閣〉。這首詩裡，充滿著葉紈紈對妹妹的欣賞，盛讚她「佳人真絕代」。整首詩像是為葉小鸞精心畫就的一幅水墨畫，勾勒出一位在霞光曙色中、春風花香裡閃爍光芒的傾城美人：

朝霞動簾影，紗窗曙色長。
起來初卷幕，花氣入衣香。
中有傾城姿，春風共迴翔。
玉質倚屏暖，瑤華映貌芳。
佳人真絕代，遲日照新妝。
還疑瓊姓許，獨坐學吹簧。

葉小紈的題詩很可惜沒有流傳下來。

三姐妹交換彼此的詩稿，都覺得清芬滿紙，彼此稱賞不絕。母親沈宜修看到三個冰雪聰明的女兒題詩之後，更是讚賞，分別次其韻作三首詩和之。

〈題疏香閣次長女昭齊韻〉：

旭日初昇榥，曈曨映綺房。
梨花猶夢雨，宿蝶半迷香。
輕陰籠霞彩，繁英低飄翔。
待將紅袖色，簾影一時芳。
海棠還折取，拂鏡試新妝。
新妝方徐理，窗外弄鶯簧。

〈題疏香閣次仲女蕙綢韻〉：

遠碧繞庭色，參差映日明。
竹間翠煙發，竹外雙鳩鳴。
徑曲繁枝裊，嫣紅入望盈。
博山微一縷，煙浮畫羅生。
芳樹清風起，飄飄落霰輕。

〈題疏香閣次季女瓊章韻〉：

幾點催花雨，疏疏入畫樓。
推簾望遠墅，爛錦盈汀洲。
昨夜碧桃樹，凝雲綴不流。
朝來庭草色，挹取暗香浮。
飛瓊方十五，吹笙未解愁。
次第芳菲節，琬琰知未休。

母女四人的詩歌如同明珠美玉，各自生輝，而其中所洋溢的融融親情，更是令人覺得溫馨。

葉小鸞與兄弟姐妹之間的感情極好，尤其三姐妹更是親密無間。沈宜修的《季女瓊章傳》中也有「然於姊妹中，略無恃愛之色。或有所與，必與兩姊共之」之語。葉小鸞雖然備受父母寵愛，但從不恃寵而驕，姐妹之間感情融洽。

葉小紈中年以後，曾回憶道：「深閨從小不知愁，半世消磨可自由。」應是她與葉紈紈、葉小鸞待字閨閣的寫實。正是這種悠然自得而又和睦溫馨的閨閣生活，使得葉氏三姐妹得以全身心地投入詩文創作之中。

葉紹袁《天寥年譜別記》有云：「午夢堂西偏有小樓，窗櫺四達，梅花環繞，余名曰『疏香閣』。其南相對有軒曰『芳雪』，庭無雜樹，梅花之外只梧桐、芭蕉數本，右翼以廊，以通往來，昭齊、瓊章分居之。」葉小鸞疏香閣的對面就是芳雪軒，是葉紈紈的居處。葉紈紈雖然出嫁，但父母愛惜女兒，她房裡的東西一樣也沒動，仍然保持著她出嫁前的原樣。姐姐回來，姐妹三人徹夜長談，彼此唱和，仍然親熱得很。

香飄庭榭，寂對東風

葉小鸞的大姐葉紈紈，字昭齊，萬曆三十八年（西元一六一〇年）六月生。葉紈紈出生時，已是父母結婚五年之後。紈紈的到來，讓他們驚喜萬分，「寶於夜光」。

初生的紈紈「其相端妍，金輝玉潤」，生得眉清目秀，膚如凝脂，「如奇萼之吐華」。父母視其為掌上明珠：「初生之女，愛逾於男。」祖母馮老夫人給她取名紈紈。紈是絹中上品，吳江又以絲織品聞名天下，「紈紈」二字，又含有潔淨雅致之意。葉紹袁給長女取字「昭齊」，意思是昭明才德，見賢思齊，可見父母之殷切期望。

紈紈天資過人，相貌端麗，博聞強記，風度幽閒肅穆，小小年紀便表現出過人的才氣。她三歲時便能背誦白居易的〈長恨歌〉，見者無不驚嘆，以為有奇慧。而紈紈幼時，沈宜修就專門請人來教授紈紈琴棋書畫，還請來了家族裡擅長彈琴的族姑來教紈紈學琴。後來紈紈果然彈得一手好琴。

但紈紈最擅長的還是書法，書體遒勁，有晉人風致，尤精小楷。葉紹袁稱她書法「小楷精端，璀璨可愛」。

紈紈十三歲已能作詩填詞。明汪廷訥撰之《人鏡陽秋》稱她的「七絕及詩餘諸調，殊有清麗之詞」。十四歲學詩時，寫下作品〈閨情〉：「薄羅初試柳初黃，寂寂深閨春晝長。陌頭風暖清明近，睡起無言倚繡床。」也是一派少女的天然嬌憨，清麗可愛。紈紈曾作〈三字令．詠香撲〉，雖是遊戲之作，亦是玲瓏璇璣巧心思：

疑是鏡，又如蟾，最嬋娟。紅袖裡，綠窗前。人憐殢，羞錦帶，妒花鈿。
蘭浴罷，襯春纖，撲還拈。添粉豔，玉肌妍。麝氤氳，香馥郁，透湘縑。

從十三歲開始，紈紈寫作了大量的詩詞，這些作品，大多為紈紈自己丟棄，留存的不過十分之一，今存詩詞約一百多首，即詩集《芳雪軒遺集》，一作〈愁言〉，詩九十五首，詞四十七闋。

寫詩、作畫、撫琴、下棋……紈紈過的是名門閨秀的詩意生活，她成了琴棋書畫樣樣皆通的靈氣才女。和葉小鸞一樣，作為一個正值青春的少女，葉紈紈最喜歡的，還是大自然的風花雪月，一草一木。午夢堂中，沈宜修種植了大量花木，比如菊花、海棠、茉莉等，瀰漫清芬，這些花木都成了葉氏姐妹們的吟詠對象。紈紈自然也不例外。

與葉小鸞最愛梅花不同，紈紈最為喜愛的是梨花。紈紈的書房，同時也是她的閨房，名字叫做「芳雪軒」，位於葉家院子的南端。這個名字為葉紹袁所命，出自南朝詩人王融的〈詠池上梨花〉詩：

翻階沒細草，集水間疏萍。
芳春照流雪，深夕映繁星。

而居室外也種有數株梨樹，為葉紹袁父親葉重第所種，盛開時便如新雪一般，芳香馥郁。

葉紈紈的兩首七律〈梨花〉詩序有云：「家有舊室，敝甚，余稍修葺之，求一齋名於老父。父曰：『汝庭外梨花數樹，今如此老幹蒼枝，皆汝太翁手植也。我昔與汝翁嚼花醉月其下，今杳不可得矣。王融〈梨花〉詩有「芳春照流雪」之句，可名「芳雪軒」。』余因漫作二首呈父。」這便是葉紈紈寫的梨花詩：

燕語鶯啼寒食天，紅妝不學露桃鮮。
清含瑤蕊飄香雨，淺放瓊絲拂素煙。
曉月葳蕤侵冷豔，夕陽飄渺弄輕妍。
芳魂若應能憐我，寂對東風共愴然。

紈紈筆下，梨花清高冷豔，高雅脫俗，彷彿就是她自己的化身。紈紈因喜愛梨花，還寫了四首七言律詩，其中有句「窗前長鎖三春月，林下相尋一徑風。夢對池塘春草碧，香飄庭榭暮煙空」。在父母膝下，紈紈備受寵愛，只安心「倚風含笑索新詩」就好。她作的詩詞，都是輕快活潑、春光盈盈的。

作為家中的長女，葉紈紈自小乖巧懂事，幫助父母照顧幼小的弟妹，還能幫著母親教弟妹讀詩文，經常指導他們的學習與生活。可以稱得上「半世手足，兩年師友」。長弟葉世佺，少時貪玩，又多得祖母寵溺。六歲時有一天不能讀完父母教授的書，被父母關在一個小屋中，不許飲食，要他閉門思過。紈紈心疼弟弟，偷偷來到小屋外面，給弟弟塞一些食物，囑咐弟弟要聽父母的話，勸導他：「汝何不成人若此！奈何不服父母訓，且父母於汝實甚愛之，撻汝管汝所以冀汝進益也。汝可不知耶？今勿復再犯，我力勸父母出之。」而當時葉紈紈不過十歲而已，就能如此體諒父母，愛護幼弟。

受母親影響，紈紈也是一個溫和秀雅的少女，對婢女、僕人都是寬厚仁慈。因為擔心母親過於操勞，葉紈紈常主動替母親分擔一點力所能及的家務。葉家上下，對紈紈也是極為喜愛。

歸夢落霞，湖光蕩漾

葉小鸞的二姐葉小紈，字蕙綢，生於萬曆四十一年（西元一六一三年）。「蕙綢」二字出自《離騷》，意思是用蘭花的葉子編成的旗子。葉小紈也是自幼聰穎過人，四歲能背誦漢代蔡琰的〈悲憤詩〉和唐代白居易的〈琵琶行〉，十歲就能吟詩、作對、填詞曲。

有一次沈宜修讓她以詞、曲牌名作對，小紈一口氣說了「一斛珠」、「滿江紅」、「點絳唇」、「剔銀燈」、「天仙子」、「虞美人」、「金縷曲」、「桂枝馨」等七八副對子。如此才思敏捷，父親大為高興，在一旁笑道：「吾兒當為易安（李清照）矣！」

小紈的詩，大體都是清麗雋永，愁思雖然也蘊藏其中，但比大姐和小妹顯然淡然溫和了很多，如寫採蓮女為題的一首詩，令人感覺葉小紈就身在其中，天真活潑：

女伴今朝梳裹新，迎涼相約趁清晨。
爭尋並蒂爭先採，只見花叢不見人。

黃昏中，小紈素手卷簾，看到輕綃般的雲朵輕輕托住一彎新月，像是少女淡淡描上的一抹蛾眉，她寫下了一闋〈浣溪沙．新月〉：

纖影黃昏到小樓，弱雲扶住柳梢頭，捲簾依約見銀鉤。
妝鏡試開微露匣，蛾眉學畫半含愁。清光自有映波流。

一夜西風後，小院秋色蕭瑟，梧桐葉在風中簌簌作響，小紈醒來，又聽見烏鴉在柳樹上啼叫著。她披衣而起，見到秋景，觸動心事，寫下一闋〈水龍吟．秋思和母韻〉：

西風一夜涼生，小庭秋色還依舊。井梧聲碎，驚回殘夢，鴉啼衰柳。竹粉全消，荷香初散，韶光難又。看階前細草，凝愁凝怨，無語懨懨低首。
幽徑湖山徙倚，雨方收、苔痕如繡。萍蕪飄盡，曲池清淺，照人眉皺。野寺疏鐘，長江殘月，去年時候。謾追思付與，中流聽取，夕陽蟬奏。

這闋詞頗有滄桑的厚重之感，不同於一般的閨秀詩詞。春日，小紈和姐妹們去汾湖玩耍，彩霞滿天時才回來，回想起薰風吹面，湖光蕩漾，冷月庭花種種美好景象，就作了一闋〈菩薩蠻〉，詩中滿是嬌憨無憂的少女氣息：

燈前半載消魂酒，明朝又欲重回首。月冷黛痕低，庭花向晚迷。
薰風初入面，帶得殘春倦。歸夢落霞邊，湖光蕩漾天。

小紈的成長相對平順，婚姻也相對幸福。萬曆四十三年（西元一六一五年），葉紹袁得知好友沈自鋐英年早逝，唏嘘哀嘆不已，因此將次女小紈許嫁沈自鋐子永禎，「素車白馬，無忘故目之情；清酒烏羊，感惜異時之陋」。十八歲時，小紈出嫁，與沈永禎結為夫妻。

沈家經濟條件尚可，沈永禎也已經是一名秀才，性格溫和，夫妻二人情投意合，興趣一致，感情很好。小紈過著平靜幸福的生活。後來永禎早逝，葉小紈三十四歲寡居，詩作極多，但流傳下來的很少，晚年汰存二十分之一，編為《存餘草》。

沈家是曲學大家，從沈永楨的祖父沈璨開始，沈家以曲學聞名，榮登萬曆年間的「詞壇盟主」，並形成了聲勢浩大的戲曲學派——「吳江派」，與湯顯祖的「臨川派」齊名。之後沈氏家族有沈自晉、沈自徵、沈自南、沈永喬、沈永令、沈永隆等二十多人從事戲曲、散曲創作。葉小紈婚後受到沈家文化的薰染，經常閱讀戲劇作品並觀看戲曲表演。耳濡目染，小紈很快對戲曲文化也產生了興趣，漸漸精於曲律。

小紈生了一女，取名沈樹榮，字樹嘉，亦工詩詞。女兒長大後嫁與葉世侗之子葉舒穎為妻。沈樹榮受家庭薰陶，著有《月波詞》、《希謝稿》，其文清新淡雅，語詞雋秀，深受母親葉小紈的影響。

葉小紈最重要的作品，倒不是在詩詞上，而是在戲劇上。在中國戲曲史上，「若夫詞曲一派，最盛於金元，未聞有擅能閨秀者」。葉小紈的《鴛鴦夢》是第一部完整儲存下來的女性創作的雜劇，創作心態和創作方式都展現著女性特有的情致和感悟。《鴛鴦夢》正名為《三仙子吟賞鳳凰臺，呂真人點破鴛鴦夢》。葉小紈在劇中借才子惠百芳之口發出晚明眾多閨秀才女的心聲：「想我輩負此才具，不得一顯當世，那多少蛙鳴雀噪的，暢好是冷人齒頰也。」閨秀們即使身負凌雲之才，也無法一展抱負，無法擁有實現人生價值的平臺，只能在高門大戶裡默默埋沒自己的才華。

沈自徵評價她「即國朝楊升庵，亦多諸劇，然其夫人第有〈黃鶯〉數闋，未見染指北詞。綢甥獨出俊才，補從來閨秀所未有，其意欲於無佛處稱尊耳。吾家詞隱先生為詞壇宗匠，其北詞亦未多概見……今綢甥作，其俊語韻腳，不讓酸齋、夢符諸君，即其下里，尚猶是周憲王金梁橋下之聲，實可與語此道者，將以陰陽務頭，從來詞家所味，行與商之。」

崇禎年間，葉小紈的《鴛鴦夢》和她的詩集《存餘草》均被收入《午夢堂集》。《鴛鴦夢》文字清雅，詞曲優美，但筆力柔婉，一望而知是閨中筆墨。戲曲學家吳梅在《中國戲曲概論》中對該劇也有中肯的評論：「葉小紈《鴛鴦夢》，寄情棣萼，詞亦楚楚。唯筆力孱弱，一望而知為女子翰墨。第頗工雅。」

蕭條暝色，獨聽哀鴻

兩位姐姐對葉小鸞疼愛有加，在文學上又相互欣賞，是最好的玩伴和知己。於是，當大姐葉紈紈和二姐葉小紈相繼出嫁之後，葉小鸞不免感到寂寞空虛。她想念姐姐們，想念當初一起對月賞花、彈琴吟詩的歲月。於是，葉小鸞寫下了許多懷念昔日團聚的美好時光的詩詞，例如〈七夕後夜坐紅于促睡漫成〉「侍兒未解悲秋意，明月高懸怯素羅」，〈浣溪沙．春夜〉「近來閒殺惜花心，無聊獨自步庭陰」，〈生查子．送春〉「柳絮入簾櫳，似問人愁寂」，等等。

她在與大姐的信件往來中感受到了大姐的憂鬱和哀愁，便在信中訴說思念之情，隨信又附了一首詩〈寄昭齊姊〉：

月白風清愁萬重，夢中不辨識情濃。
欲知無限傷心意，盡在殷勤緘一封。

大姐要回娘家，卻因大風阻擋不能乘船而歸。姐妹倆雖相去不遠卻覺如千里之遙，小鸞不由得憂愁失望，但仍然期待再次會面的機會，她寫下一首〈昭齊姐約歸阻風不至〉：

寒爐撥盡燼微紅，漠漠江雲散碧空。
離別遂如千里月，歸期遍悵一帆風。
愁邊花發三春日，夢裡年驚兩鬢中。
雨雪滿窗消未得，定應握手幾時同。

夜晚，小鸞獨自一人睡在疏香閣，看到窗外夜色蕭蕭，聽到輕風吹過竹梢的簌簌之聲，不由得又想起兩位姐姐來，尤其是二姐葉小紈。在這樣的夜晚，她曾經和二姐窗下對弈，姐妹倆自在歡樂。她寫下了一首〈秋夜不寐憶蕙綢姊〉：

夜色正蕭蕭，輕風響竹梢。
檻桐催葉落，岸柳泣絲飄。
砌冷蟲喧息，燈殘火燼消。
彈棋曾敘別，風雨又連宵。

小紈回娘家小住後離開，小鸞戀戀不捨，寫了兩首〈別蕙綢姊〉：

其一

歲月驚從愁裡過，夢魂不向別中分。
當時最是無情物，疏柳斜陽若送君。

其二

枝頭餘葉墜聲干，天外悽悽雁字寒。
感別卻憐雙鬢影，竹窗風雨一燈看。

她又寫過兩首〈別蕙綢姊〉，即是描寫送別時的種種場景以及心情。

其一

絲絲楊柳拂煙輕，總為愁人送別情。
唯有流波似離恨，共將明月伴君行。

其二

綠酒盈樽未及銜，那堪津樹引征帆。
情知此別留難住，相對無言溼杏衫。

在出嫁之前，小鸞病了，這個時候，她滿腹心事無從訴說，更加想念兩位姐姐。秋風瑟瑟，黃昏蕭蕭，葉小鸞獨自在疏香閣中坐著，思唸著兩位姐姐，懷念著昔日姐妹三人一起吟詩作對的快樂時光。她鋪開宣紙，飽蘸濃墨，寫下了一首〈秋暮獨坐有感憶兩姊〉：

蕭條暝色起寒煙，獨聽哀鴻倍愴然。
木葉盡從風裡落，雲山都向雨中連。
自憐華髮盈雙鬢，無奈浮生促百年。
何日與君尋大道，草堂相對共談玄。

她獨自聽木葉風墜、秋雨連山，不由得自憐自嘆。雖然她現在仍是青春年華，滿頭烏髮，但是人生百年匆匆，轉瞬即逝。什麼時候才能實現姐妹們的夢想，歸隱山林，相對談玄？小鸞對自己的病情有所感，於是支撐著寫下了這首詩。全詩卻是寂寥蕭瑟，滄桑不已。她正是綺年玉貌，卻自言「自憐華髮盈雙鬢」，感嘆「無奈浮生促百年」，可以想像她對姐姐的思念之深，對自己命運之擔憂。

葉紹袁在這首詩後面批註：「宴爾已近，有『無奈浮生』之語，明明不可留矣。此詩與〈九日〉作，俱絕筆也。」

第九章
命途多舛：才女短暫人生的感傷篇章

謁金門・秋晚憶兩姊　葉小鸞

情脈脈，簾卷西風爭入。漫倚危樓窺遠色，晚山留落日。芳樹重重凝碧，影浸澄波欲溼。人向暮煙深處憶，繡裙愁獨立。

愁心難問，階前悽咽

葉紈紈在不滿週歲時，就由父母做主許配給了袁儼的第三個兒子袁崧。

袁家與葉家是幾代世交。葉重第與袁黃同為萬曆十四年（西元一五八六年）進士，交情頗深。葉重第之子葉紹袁從小就寄養在袁家，葉紹袁與袁黃之子袁儼從小是同學，後於天啟五年（西元一六二五年）一同考取進士。正因為兩家是世交，兩人又情同手足，所以袁儼上門議親之時，葉紹袁就答應了。

葉紈紈十六歲時，葉紹袁考中了進士。也是在這一年，葉紹袁好友袁儼致書葉紹袁，他即將趕到廣東赴任，希望能盡快為自己十九歲的兒子完婚。本來就是早定好的婚姻，而紈紈也到了適婚年齡，葉紹袁也就答允了。

於是，就在這一年的十月，紈紈嫁到袁家。出嫁當日，葉家上下喜氣洋洋。祖母馮老夫人看著自己疼愛的長孫女出嫁，高興得合不攏嘴。葉紹袁對葉紈紈的未來懷著美好的憧憬，他認為，葉家和袁家是世交，而袁黃和自己又是親如兄弟的好友，葉紈紈嫁過去，一定不會受到半點委屈。

沈宜修則是滿懷慈愛地給女兒檢視著嫁妝，認為女兒的婚姻會像自己和丈夫一樣琴瑟和鳴。弟弟妹妹們簇擁在姐姐身邊，又是興奮又是不捨。寄養在舅舅家的三妹葉小鸞也趕了回來，一家人歡聚一堂。

而身穿大紅嫁衣的葉紈紈心中卻是深感迷茫，要離開生活了十六年的午夢堂，去一個完全陌生的環境中，她心中難捨難分，對未來也充滿擔憂。她把這種情感寫在了給母親的一闋臨別贈詞〈菩薩蠻．和老母贈別〉中：

> 樽前香焰消紅燭，可憐今夜傷心曲。衫袖淚痕紅，離歌淒晚風。
> 匆匆苦歲月，相聚還相別。腸斷月明時，後期難自知。

出嫁以後，紈紈才發現，她與丈夫在才學、性格等方面都有很大差異。丈夫雖然出生於書香世家，卻是一個不懂生活情趣、自私自利的小人。因此，紈紈與丈夫雖有夫妻的名分，卻無夫妻之實，結婚七年，也一直沒有孩子。葉紈紈曾自云：「至於琴瑟七年，實未嘗伉儷也。」這種婚姻對紈紈來說，實在是有著極大的痛苦。但痛苦無處訴說，只能埋在心裡。因此，在婚後，紈紈所作的詩文詞作，大多都是抒發憂鬱愁懷的。紈紈特別懷念閨中無憂無慮的少女生活，只要有機會，她便會回娘家居住，有時也邀妹妹葉小鸞到自己家中小住。姐妹的溫情撫慰了她心中的愁苦。因而，在送妹妹歸家時，兩姐妹更是難分難捨。只有在回娘家和姐妹歡聚之時，才會有一展笑顏的輕鬆之作。

紈紈成婚後不久，公公袁儼就接夫人以及兒子兒媳去嶺南。於是，紈紈就跟隨丈夫一家人一同前去。臨行前，紈紈回鄉與父母話別，葉紹袁贈詩給女兒：「莫望故鄉輕下淚，天涯回首最傷心。」沈宜修也寫詩送別女兒：「清光難逐天邊月，欲問平安託素箋。」紈紈滿腹憂傷，卻不敢表現出來，以免讓父母擔憂。

一路行來，自然顛簸。但萬萬沒有想到的是，丈夫忍受不了遙遙路途，藉口思鄉，到了浙江青溪便向父母提出要重返故鄉。葉紈紈不得不隨丈夫又回到吳江。

僅僅因為路途遙遠，丈夫便做了逃兵，沒有任何交代，毫無擔當，更不顧為人子女之孝，這對紈紈來說是個極大的打擊。她對丈夫極為失望，執筆寫下了〈暮春赴嶺西途中作〉，以抒發自己的苦悶和思鄉之情：

故園別後正春殘，陌上鶯花帶淚看。
何處鄉情最悽切？孤舟日暮泊嚴灘。

而葉紈紈要面對那個既無才學又無人品的夫君，是何等的折磨？她從小接觸到的，都是滿腹才學又溫文爾雅的兄弟姐妹，從沒想到過自己的丈夫竟然是如此粗鄙不堪。

東晉才女謝道韞嫁到王家之後，常常悶悶不樂，叔父謝安問她，她說：「一門叔父，則有阿大、中郎；群從兄弟，則有封、胡、遏、末。不意天壤之中，乃有王郎！」意思是我們謝家芝蘭玉樹，個個都是了不起的人物。可是我沒想到，天底下竟然還有像王凝之這樣平庸的人啊。但實際上，她的丈夫王凝之是著名的書法家，只是詩賦才學稍遜而已。但葉紈紈所嫁的夫君，卻連基本的道義和責任都不願意承擔，這比王凝之，又差了許多。可想而知葉紈紈的鬱悶之情。

葉紹袁後來在〈祭長女昭齊文〉中稱讚紈紈道：「汝德性儉勤，識見超曠，辭氣和洽，禮度端詳，御下以寬，待人必恕，事姑妯間，尤愉顏怡色，委曲調持，靡不尊卑敦睦，共得歡心。」葉紈紈在袁家待人寬和溫厚，很得袁家人的喜愛，但是她的丈夫對她卻一直冷若冰霜。而袁家的女兒也沒有特別擅長詩詞的，訥訥在袁家也找不到可以傾訴心事的閨中密友。

她嘆息這樣愁悶的日子年復一年，日復一日，蹉跎了自己如花的青春，但是又能如何。她又寫下了一闋〈蝶戀花．秋懷〉：

盡日重簾垂不卷。庭院蕭條，已是秋光半。一片閒愁難自遣，空憐鏡裡容華換！
寂寞香殘屏半掩。脈脈無端，往事思量遍。正是消魂腸欲斷，數聲新雁南樓晚。

春天裡春花爛漫，若是閨中少女時，自然又是和姐妹們一起觀花寫詩。如今獨自在袁家，良辰美景不再，只得以淚洗面。她寫下了一篇〈春日看花有感〉：

春去幾人愁，春來共娛悅。
來去總無關，予懷空鬱結。
愁心難問花，階前自悽咽。
爛熳任東君，東君情太熱。
獨有看花人，冷念共冰雪。

雖然是春日看花，卻沒有一絲歡喜之意，更沒有春天的氣息。雖然人們都為春天的到來而感到歡欣愉悅，為春天的逝去而感到悲傷憂愁，而對於紈紈來說，卻是「來去總無關，予懷空鬱結」，她對這時光的流轉，春光的逝去已經麻木漠然了。

後來，葉紹袁整理紈紈遺作時讀到此詩，心如刀割，評道：「即此一詩，一字一淚，大概已見。無限愁思，不必更說矣。」

在紈紈的詠春之作中，處處見到的，只是憂愁悲傷，「恨」、「愁」、「悶」等字眼寫了滿紙。她再也沒有了本屬於青春的天真快活，還不到二十歲，她的青春就已經結束了。比如說這首〈春恨〉：

不見春光明戶外，但聞時節又花朝。
連宵風雨重門掩，魂斷江南不可招。

又比如這首〈春日感懷〉：

羅袂消殘舊日香，啼痕幾度溼年芳。
無情懶向東風立，有恨誰憐一夢長？

紈紈的詞更是寫得淒涼婉約，幽怨至極。如她的〈浣溪沙．春恨〉二闋：

其一

幾日輕寒懶上樓。重簾低控小銀鉤，東風深鎖一窗幽。

晝永半消春寂寂，夢殘獨語思悠悠，近來長自只知愁。

其二

風雨閒庭鎖寂寥。又看春色一分消，翠屏斜倚思無聊。

夢覺情蹤無處問，悶來心緒最難描，殢人殘病恨今朝。

這兩首詞如工筆畫一般，細膩典雅，然而哀愁縈繞。葉紹袁在這兩闋詞後批曰：「『晝永半消』、『夢殘獨語』與『夢覺情蹤』、『悶來心緒』，一種傷神。」

葉紈紈在文藝而又開明的家庭長大，曾經對愛情有著滿滿的嚮往，希望能有像父母那樣相互傾慕、相互欣賞的愛情。然而現實卻給了她沉重的打擊。正值青春，卻獨守空房，春閨寂寞，讓她加倍感受到命運的殘忍。在這種境遇下，她大膽地希望能有一位情投意合的人帶自己逃離這個沒有生氣的家庭。她把這種感情含蓄地寫在了自己的〈菩薩蠻〉二闋中：

其一

羅巾拭遍傷春淚，夜長香冷人無寐。獨坐小窗前，孤燈照黯然。
關情雙紫燕，腸斷鴛鴦伴。無奈武陵迷，恨如芳草萋。

其二

輕風庭院將寒食，海棠雨過嬌無力。春思暗縈人，春愁更斷魂。
夢迷芳草遠，殢酒屏山掩。蝴蝶撲花忙。深閨日正長。

但是，滿懷愛情憧憬的葉紈紈面對的卻是殘酷的現實，身為大家閨秀的她不可能真正逃出那個牢籠。面對理想與現實的巨大落差，葉紈紈寫下了一闋〈玉樓春．立秋〉：

微雲日暮庭花紫，一葉飄輕淡羅綺。扇驚長信泣佳人，山冷蒼梧悲帝子。
樓前莫問相思字，深院螢飛照砧杵。西風燕去幾時歸，秋夢芙蓉江上水。

「扇驚長信泣佳人，山冷蒼梧悲帝子」用的是班婕妤和瀟湘妃子之典故，她們都是愛情中失意的女性，無法和所愛的人相守終老。紈紈對自己說，既然歷來女子命運都如此悲慘，自己又何必作無謂的抗爭？於是，她悠然低嘆「莫問相思字」，宣布了自己對愛情的告別。當胸中對於愛情期待的小小火苗最終完全湮滅之時，她對於生命的熱情也在一點一點消失。

她本是聰慧靈秀的才女，素來為自己的才學而備感驕傲，卻不料被丈夫如此漠視，心中之痛，便如才子落魄一般。「眾人皆醉我獨醒，舉世皆濁我獨清」，世間無人能懂，竟如此孤獨和寂寞！她寫下了〈秋日書懷〉：

落魄長如夢，憂來喟滿膺。
眾人皆若醉，舉世更難澄。
紺發向秋暮，白雲無路登。
悽悽對搖落，臨眺一閒憑。

另有一篇〈初秋感懷〉，更是令人不忍多讀：

忽忽悠悠日倚樓，不堪蕭索又逢秋。
流年冉冉侵雙鬢，長夜漫漫起四愁。

舊事經心空染淚，壯懷灰去謾凝眸。
唾壺擊碎還搔首，泣向西風恨幾休。

她明明是綺年玉貌，卻感嘆「流年冉冉侵雙鬢」，顯然已經心如死灰。而眼前的蕭瑟秋景更加深了她的痛苦，想起過往種種，只嘆「壯懷灰去」，只好「泣向西風」。葉紹袁在此詩小注中言：「『壯懷灰去』，情可知矣，豈無天際想者。」暗暗道出葉紈紈之壯懷與素日渴望的遊仙隱逸有關。

因為對婚姻生活及丈夫的極度失望，紈紈也無心梳妝了。「憔悴東風鬢影青，年年春色苦關情，消魂無奈酒初醒。啼鳥數聲人睡起，催花一霎雨還晴，斷腸時節正清明。」紈紈受母親沈宜修影響，本是極愛美、也極懂得欣賞美的一個少女，但她婚後已經沒有了對生活的熱情。當一個女子對美失去了追求，她就已經徹底心如死灰了。

生活愈發變得沉悶無聊。而紈紈無可解悶，只好終日睡眠，「不怨滿庭風雨惡，只教終日夢魂消」。只有在夢中才可離開這讓她憂愁煩惱的人世間。然而，夢終究是要醒來的，醒來之後，只有愁上加愁。

她寫下〈菩薩蠻・感懷〉，直言「悶愁無盡頭」：

憑君莫問煙霞路，悠悠總是無心處。人世自顛狂，空驚日月忙。
萋萋階下草，日日階前繞。切莫繫閒愁，閒愁無盡頭。

紈紈寫下這些抒發愁緒的詩詞，卻不忍讓父母讀到，寫後大多毀棄，僅剩下一百五十來首，自取集名《愁言》。紈紈在娘家的居室名芳雪軒，所以《愁言》一書又名《芳雪軒遺集》。

葉紹袁在整理女兒的詩文時，將《愁言》與小鸞的《返生香》都收入《午夢堂集》中。清代吳中沈欽韓曾在紈紈《愁言》上題跋：「天若有情天亦老，月如無恨月常圓。鍾情又怕傷心死，一卷愁言欲問天。」直接點出了紈紈「一生皆因情」的悲劇命運。

葉紹袁看著女兒留下的字字愁言的詩詞，方知她當時所受的苦痛，想起女兒曾經對他說過的話語，心中痛悔交織。他在〈祭長女昭齊文〉中說：「但見汝煙霞痼疾，泉石膏肓，每思買山築塢，逃虛絕俗，招朋松桂，撫懷猿鶴，若必不欲見世態紛紜者。偶一夕間，挑燈連榻，汝與兩妹竟耽隱癖，汝料入山無緣，流涕被枕，我時聞之，深笑汝痴，隱豈兒女子事，又何至如霰之泣也。由今追想，殆汝胸中固已逆揣終身，了無佳境，故以憂愁憤懣之衷，託之沉光鏟影之談，明知理之必無，自寓其情之至鬱已矣。」

於是慈父便只能在自己的文中去圓女兒的理想，讓她在自己的夢中得償所願。據葉紹袁所撰《天廖年譜別記》所載：

一夕，斜月將闌，心境清絕。俄而夢至一所，如虎邱半塘光景。綠水平堤，清波滉漾，橫橋斜映，兩岸垂楊數百株，黃鶯飛鳴其間，浮瓜沉李，蔭樹為市。余正顧樂心賞，忽見一青衣小鬟，望之阿娜然，即之則亡女昭齊之亡婢繡瑤也。余問：「汝何至此？」曰：「兩女郎遣我出買瓜耳。」余問：「昭齊、瓊章同居耶？」曰：「同在此山中。」遙指西南一山，遠望蒼松翠柏，菁蔥掩靄，余曰：「我欲往視之。」曰：「望之如邇，去之甚遠也。」余曰：「然則汝何以至此？」笑而不答，余亦遂寤，殆或仙境矣。

在夢中，葉紹袁遇到了葉紈紈已經去世的侍女繡瑤，繡瑤告知葉紈紈和葉小鸞都已經居於仙境之中。這夢中的仙境，便是一個再無憂愁煩惱、也再無任何拘束的精神家園，這是憂鬱七年的葉紈紈所一直嚮往的。

葉紹袁晚年追憶女兒之苦，不由得潸然淚下：「我女自十七結褵，今二十有三歲而夭，七年之中，愁城為家。」她的詩中「無一時不愁，無一語不怨，實實鬱死，傷哉」，她的詩集也因之而取名為《愁言》。

夢裡有山，醒來無酒

紈紈與小鸞相差六歲，她們共同生活的時間不長，但姐妹之間的情誼非常深厚。雖然葉紈紈從來不跟小鸞說起自己婚姻的種種不如意處，但姐妹連心，姐姐神情中一些細小的變化，還有多首寄給妹妹的詩詞無意中流露出來的寂寞與悽苦，敏感如小鸞肯定全部感受得到。

葉小鸞對姐姐深感同情和理解，但卻無能為力，同時她對自己將來的命運也暗暗感到擔憂和恐懼。她曾細細刻畫過閨人愁緒，如〈點絳唇．戲為一閨人代作春怨〉：

新柳垂條，困人天氣簾慵卷。瘦寬金釧，珠淚流妝面。
凝佇憑欄，忽睹雙飛燕。閒愁倦，黛眉淺淡，誰畫青山遠。

她還有一首名為〈閨怨〉的詩：

嶺上寒梅幾樹開，西風人瘦影徘徊。
啼鵑已送千山隔，空向佳人泣鏡臺。

她另作〈宮怨〉，用的還是班婕妤的典故：

千株御柳曉星沉，瓊佩聲寒玉露侵。
何處笙歌新侍寵，獨教團扇怨秋深。

但是，婚姻還是來了。早在葉小鸞十二歲時，她曾給遠在京城的舅父沈自徵寄了幾首詩詞。舅父為外甥女的才華自豪，時不時拿出來炫耀，引起了眾多名門望族的注意，其中就包括崑山大族、河南布政使張維魯。

張維魯有一個兒子張立平，當時十三歲。張維魯見到沈自徵拿出的葉小鸞的詩，驚為天人，當即為兒子求婚。葉家素來貧困，見張家高門大戶，張立平和小鸞又年貌相當，沈自徵想當然地認為是天作之合，欣然同意。

張家準備了謝允之禮，沈宜修親自收視，但令她吃驚的是謝允之禮的茶盤中竟有半支斷玉簪，她偷偷地將斷簪拋在花園的竹林外，但心中總是隱隱有不安之感。

崇禎五年（西元一六三二年），張維魯向葉家提出為張立平與葉小鸞完婚，婚期定在農曆十月十六日。葉紹袁當即同意了。

對於張立平，史上沒有任何記載，雖然有文獻稱他早有文名，但並無詩詞傳世。小鸞在家中從未見過這少年的模樣，更沒有看過他的詩文，如何能為之傾心？為此，小鸞惆悵徘徊，輾轉難眠。「堪笑西園桃李花，強將脂粉媚春華。疏香獨對枝梢月，深院朦朧瘦影斜」。她生來敏感細膩，想得肯定更多。張家遠在昆山，跟娘家距離遙遠，自己一旦遠嫁，怕是回家一趟也是艱難，自己卻將如一隻風箏，飄飄蕩蕩，無依無靠了。不論從哪個方面說，這次婚姻帶給了小鸞很大的壓力，但葉家是書香門第，講究孝道，父母之命，又不能不從，而葉小鸞又素來乖巧孝順，縱是千般不願萬般不甘，又能如何？她只得把所有的擔憂煩悶壓到了心底。

出於對女兒的愛，父母對這樁婚事非常重視。首飾、衣物、妝臺、器皿無不精心準備。葉紹袁為了將婚禮辦得氣派一點，為女兒多添置一些嫁妝，還四處向人家借錢。葉紹袁《葉天寥自撰年譜》記載：「余為瓊章將嫁，日縈心曲，家本貧士，力難九十之儀。而情深愛女，不忍菲薄，殫夫婦之經營，歷春秋之拮据，佩帨綦巾，僅稱粗備。」

小鸞知道後，心中不安，勸父親說：「古時賢女出嫁，鹿車布裳也不覺得寒傖。父親本來就知道，何必講究排場？」父母見女兒體貼懂事，均覺得大為安慰。但他們卻忽略了小鸞心中愈來愈深的愁苦。

小鸞嚮往的是自由自在、無拘無束的生活。而舅母和姐姐的婚姻都不美滿幸福。舅父冷落舅母，十年未歸，舅母憂鬱而死。姐姐自出嫁之後愁眉不展，雖然強顏歡笑，但是心思細膩、感覺敏銳的妹妹又如何感覺不出來？母親和父親雖然堪稱神仙眷侶，卻也是聚少離多，擔驚受怕，還要含辛茹苦，日夜操勞。自葉小鸞十歲歸家至十七歲夭折的七年光陰，葉紹袁只在家兩年，母親長久地處在等待與思念中。這使得小鸞從內心深處拒絕婚姻，婚姻對她來說意味著凡俗、瑣碎與冷漠。當婚姻大事遙遠而不可及時，小鸞還可以暫時不去想這些事情。而婚姻真正到來，她再也無法逃避時，心中逐漸充滿恐懼。想到以後將有一天，她也要過上瑣碎的婚姻生活，她便感到徹骨的寒冷，無法想像如何去面對未來。在這段時間，葉小鸞寫下了一系列詩詞，透露出了她內心深沉的悲哀。

如〈浣溪沙．送春近作〉：

春色三分付水流，風風雨雨送花休，韶光原自不能留。

夢裡有山堪遁世，醒來無酒可澆愁，獨憐閒處最難求。

葉紹袁語：「凡王申年作，俱此等語，真不解何故。問天天遠，如何如何！」王申年的到來意味著小鸞出嫁已在眼前，她對於未來也越來越憂心和焦慮，「夢裡有山堪遁世，醒來無酒可澆愁」。

又如〈虞美人．殘燈〉：

深深一點紅光小，薄縷微微裊。錦屏斜背漢宮中，曾照阿嬌金屋、淚痕濃。

朦朧穗落輕煙散，顧影渾無伴。愴然一夜漫凝思，恰似去年秋夜、雨窗時。

一點殘燈薄光，讓小鸞想起漢朝的陳阿嬌陳皇后。當年漢武帝劉徹說金屋藏嬌時，何嘗不是真情呢？但最後的結局卻是陳皇后在長門殿以淚洗面，鬱鬱終生。即使貴為皇后，婚姻的真相也是如此無奈。在這首詞裡，小鸞感嘆女子的薄命，猶如殘燈微光，猶如輕煙散落。

一日秋夜，小鸞想起了兩位姐姐，登樓望遠，落日中只見芳草碧樹。西風吹起繡裙，小鸞一人獨自傷感思念。也許，只有姐姐，才能懂得她此刻內心的憂懼：

情脈脈，簾卷西風爭入。漫倚危樓窺遠色，晚山留落日。

芳樹重重凝碧，影浸澄波欲溼。人向暮煙深處憶，繡裙愁獨立。

這便是〈謁金門．秋晚憶兩姊〉。陳廷焯評價此闋云：「造語精秀。」小鸞將嫁之時，紈紈曾於九月初回娘家看望父母與妹妹，並相約在九月二十日後，早一點回娘家為妹妹的婚禮做準備。別後回夫家時，乘船過汾湖而行，湖中風景雖好，但沒有能共同看景的人，紈紈也沒有心情去細細欣賞美景了，「風景可玩，惆悵不能相同」。於是，她惆悵寫下：「蕭疏一片滄江晚，惆悵臨風獨自看。」

回家之後，紈紈作下一首〈送瓊章妹于歸〉：

畫堂紅燭影搖光，簫鼓聲繁繞玳梁。頻傳簾外催妝急，無語相看各斷腸。

鸞臺寶鏡生離色，鴛帶羅衣惜別長。香靄屏帷凝彩扇，風輕簾幕拂新妝。

新妝不用鉛華飾，梅雪由來羞並色。傾國傾城自絕群，飛瓊碧玉驚相識。

相顧含情淚暗彈，可憐未辨識離難。遙遙此夜離香閣，去去行裝不忍看。

欲作長歌一送君，未曾搦管淚先紛。追思昔日同遊處，惆悵於今各自分。
昔日同遊同笑語，依依朝夕無愁苦。春閣連幾學弄書，秋床共被聽風雨。
更憶此時君最小，風流早已仙姿裊。雪句裁成出眾中，新詞欲和人還少。
往事悠悠空自思，從今難再不勝悲。休題往日今難再，但願無愆別後期。
別後離多相見稀，人生不及雁行飛。杳杳離情隨去棹，綿綿別恨欲牽衣。
戀別牽衣不可留，揚帆鼓吹溯中流。可憐此去應歡笑，莫為思家空自愁。

此詩本是祝賀葉小鸞夭桃之期的催妝詩，盛讚小鸞的美貌「新妝不用鉛華飾，梅雪由來羞並色。傾國傾城自絕群，飛瓊碧玉驚相識」，還有才情「更憶此時君最小，風流早已仙姿裊。雪句裁成出眾中，新詞欲和人還少」，也飽含著對妹妹的祝福和不捨。但因為紈紈自身的悽慘遭遇，心情長期抑鬱，因此詩作之中也隱隱把一縷無奈和悲涼帶入了字裡行間。

九月九日重陽節，婚期將近，小鸞心中越發不安和焦慮，她寫下了一首〈九日〉：

風雨重陽日，登高漫上樓。
庭梧爭墜冷，籬菊盡驚秋。

陶令一樽酒，難消萬古愁。
滿空雲影亂，時共雁聲流。

隨著婚期一天天逼近，小鸞心裡的感覺，是「庭梧爭墜冷」的「冷」，「籬菊盡驚秋」的「驚」，「滿空雲影亂」的「亂」。所以她說：「陶令一樽酒，難消萬古愁。」縱使是陶淵明的一壺忘憂酒，也難消這萬古長愁。

葉紹袁在這首詩後注曰：「于歸在邇，何愁之有，而且云『萬古』也，明明讖語。張方伯棄楚臬而歸，即有此變。暗符陶令事，甚奇。」

周圍的人都是喜氣洋洋，唯有葉小鸞心底一片冰冷。她知道無論怎麼跟父母解釋，父母也不會理解她的心情，而真正懂得她的姐姐們又都不在家裡，小鸞心下越發悲涼。

第十章

魂歸幽幽：葉小鸞的離世與後人追憶

踏莎行・寒食悼女　沈宜修

梅萼驚風，梨花謝雨，疏香點點猶如故。鶯啼燕語一番新，無言桃李朝還暮。春色三分，二分已過，算來總是愁難數。迴腸催盡淚空流，芳魂渺渺知何處。

瑤池素女，吹落紫笙

入秋，葉家上下都在忙著張羅小鸞的婚事，人人都是笑逐顏開，連一向操勞的沈宜修臉上都是笑意。葉小鸞卻始終秀眉微蹙，悶悶不樂。但忙碌的父母又一次忽略了葉小鸞的感受。

九月十五日，小鸞正在教六弟葉燮和小妹小蘩誦讀《楚辭》時，張家的催妝禮送上門來。催妝，顧名思義即是催新娘子上妝，準備出嫁。張家對新娘子十分滿意，希望能夠盡快迎娶新娘子過門。

葉小鸞內心深處本來就對未知的婚姻充滿恐懼，又無從排解，這下又驚又懼，於是她真的病了。就在這一天夜裡，她病情進一步加重，臥床不起，而且陷入了昏迷狀態。

葉家人一下慌了神，眼看婚期將近，如何是好？葉紹袁趕緊請醫診治，沈宜修則燒香拜佛，為女兒祈禱。一家人都坐立不安。

葉小鸞一直昏迷了四天，到了第四天，她終於醒了，能下床行走。父母終於鬆了一口氣，以為病情已有好轉。平素裡小鸞雖然嬌弱，卻也沒有生過什麼大病。誠如葉紹袁所說：「汝姿容德性、神氣言辭，併為貴壽之徵，斷無殀亡之禍。」父母也不過以為小鸞是入秋著寒，略有小疾而已。小鸞二弟葉世偁時年十五歲，後來也疑惑：「若使我姊而嘗多疾病，則生死之途，固非人之所能測，乃以我姊而遂至於斯，真偶之所不解矣。」他們無論如何想不到倔強少女對於自由的渴求、對於婚姻的恐懼，竟然會讓她一病不起。潛意識裡，小鸞也許以為，如此病倒，婚事應該推後，甚至可以取消了吧。

葉紹袁擔心女兒身體，於是多次傳書到張家，希望能夠延遲婚期，等葉小鸞身體痊癒再舉行婚禮。但張家卻以為葉家藉故拖延，張家公子對小鸞又傾慕已久，於是便提出用沖喜的方法驅趕病魔，不肯更改婚期。古時婚禮是由男方家說了算，葉紹袁猶豫了半天，見張家態度堅決，不得不同意了。

晚上，葉紹袁懷著沉重的心事，來到小鸞房中，見小鸞臉色蒼白，憔悴不已，心中酸楚，卻又不得不告知小鸞此事，就對小鸞說：「為父已經應許，孩兒當努力痊癒，莫要誤了佳期。」他希望女兒趕緊好起來，順利成婚，於是無奈地對女兒提出了這樣的要求。

小鸞一向乖巧聽話，但這次葉紹袁並沒有聽到女兒的回答。

她默然不語。

父親一走出門，葉小鸞便低聲問侍女紅于：「今天是什麼日子了？」紅于憂心忡忡地回答：「十月十日。」小鸞嘆息道：「如此甚速，如何來得及？」

她雖然素來溫柔和順，骨子裡卻極是倔強。「瑤池諒非邈，願言青鳥翔。」她曾經一心想按照自己喜歡的方式生活，當身不由己、無可奈何之時，她對這塵世的眷念也就消逝了。她熟讀《西廂記》、《牡丹亭》，又通禪理，嚮往心靈自由，本就視死為仙遁，此時更是丟掉求生念頭，病情便加重了。

葉紹袁急得無計可施，心痛如絞。沈宜修五內俱焚，抱著愛女一遍遍問：「何致如此？」母親隱約感覺到女兒抗拒婚事，此次病痛來得太巧又太怪，但一時之間也沒有完全把婚事和病因聯想在一起，只好輕聲詢問，但小鸞只是閉目不答。

小鸞的哥哥和弟弟們這一天恰好要遠行赴試，來跟小鸞告別。小鸞的哥哥葉世傛只見小鸞「容顏憔悴，神色慘然」，不見「平日之豐姿體態」。葉世傛大驚，妹妹病了不到半個月時間，怎麼會如此消瘦？看來妹妹一時之間難以大好了。他懷著沉重的心情上路了，再想不到這會是兄妹倆的永別！「孰意從此一訣而千秋永別，遂杳乎不可再見！」這命運的無常，這生命的脆弱，誰能知曉，誰又能把控？

到十一日天明時分，葉小鸞突然自己要求坐起來，沈宜修怕她久病無力，便扶她枕於臂間。她還以為女兒有好轉的跡象，略略安心了一點，卻不知道這竟然只是「迴光返照」。

小鸞坐起之後，毫無昏迷之態，星眸炯炯，口念佛號，聲音雖然微弱，卻明朗清澈。沈宜修側耳細聽，卻沒聽清楚女兒在說什麼。正欲開口詢問，卻不料，就在這須臾之間，小鸞緩緩閉上了眼睛。

沈宜修以為小鸞累了，連喚「小鸞、小鸞」，但小鸞已經停止了呼吸，沒有了心跳，她已經永遠離開了這個世界。

這時，離她的婚期，只有五天。

本是大喜之日，卻頓生大悲之事。葉紹袁夫婦撕心裂肺，悲傷不堪，終日以淚洗面。

葉紹袁和沈宜修無法接受愛女的逝去。沈宜修對人說：「吾兒豈是凡骨，定是瑤池玉女，不能久居凡塵，如今暫時被召回天上，不日將返。」她相信女兒是天上神女，只是暫時離開她，女兒一定會死而復生。她如此才貌，世所罕見，怎麼可能這麼輕易就離開他們呢？何況小鸞夭折時，絲毫沒有痛苦的跡象，就如活著時的容貌，肌膚瑩潔，嘴唇紅潤。於是，小鸞的遺體一直停放了七天。每等一天，父母心中的期盼便少了一分，等到第七天，父母不得不接受她已經撒手塵寰這個事實。

第七日，葉小鸞入殮時，雖然芳容消瘦，但仍然肌膚如雪，好像只是睡著了一般。沈宜修釘棺木前，用硃筆在小鸞右臂上寫「瓊章」二字，希望她仍有後世來生，以後看到臂上的字會再相認相識。下筆之時，只覺女兒手臂柔白可愛，卻已經冰冷刺骨，忍不住又大哭一場。沈宜修在女兒去世後寫過〈挽女詩〉，其中有「回首從前都是夢，劬勞恩念等閒消」之句。以前和女兒一起度過的快樂時光，此時想來，真是如同夢境一般呀，辛辛苦苦地養育女兒，而她卻撒手人寰，所有曾經付出的辛勞恩情全部都不存在了。

葉紹袁在〈祭亡女小鸞文〉中，記錄著小鸞的陪葬物品：「汝母手寫《大悲神咒》暨《金剛經》共二本，又繡大士一幅，俱在汝頂上，身旁有汝妝時素用小鏡一圓，束慣舊玉玦一件，沉香數兩，石印四枚。」他希望小鸞在另外一個世界裡，仍然有自己的心愛之物相伴。只可惜父母的拳拳之心與眷眷之意，小鸞是再也感受不到了。

葉紹袁作了一篇〈婚逝賦〉，其中有：「惡若我作，死亦我分」，含著深深的內疚與自責之意。他認為小鸞的去世與他這個當父親的有關，因為自己的「拙守迂蹤，靡敢隕越」，不敢拒婚退婚，堅持依期完婚，而造成小鸞「因嫁而亡」。

舅父沈自炳曾評價小鸞：「生而靈異，慧性夙成，長而容采端麗，明秀絕倫。……摹古人書畫，無師而解其意。舉止莊靜，不妄言笑。……志逸煙巒，以婉孌之年，懷高散之韻。……由斯以譚，心高五嶽，氣軼層霄，方且恥綵鸞之多嫁，訾弄玉之有夫，焉肯畫眉玉鏡，掩袂鳳帷也哉！」這裡，舅父也認為小鸞靈慧明秀，心高氣傲，絕對不會嫁給世間的平庸之輩。

而母親沈宜修作《季女瓊章傳》，從才貌德行、言談舉止等各個方面，將一個正值青春年少、明慧瀟灑的美貌才女細細刻畫出來，令人驚豔感嘆。後人了解葉小鸞，多是從沈宜修的這篇小傳開始的。

葉小鸞過世時，曾經是堂堂工部主事的葉家，境況已是貧困難言，連像樣的棺木也買不起。葉小鸞過世三天後，消息傳到張家，張家上下震驚，張家公子張立平更是捶胸頓足。聽說了葉家的窘境之後，張家選蜀中美材，日夜兼程，由張立平親自從百里外的崑山送來。

張立平對小鸞的去世也是極為痛惜，他自從定親開始，一直都在期盼著婚期，期待著親眼見到葉小鸞驚為天人的容顏。豈知「昊天不弔，蘭摧玉折，七載縈思，一朝望絕！」他在為小鸞所寫的祭文中寫道：

孟冬月既望，寒氣何蕭瑟。訃音我傷心，撫景長嘆息。歲月如飄風，一逝何嗟及。伊人水中央，高門毓奇質。少小隨母氏，從容好書帙。詩賦麗管彤，悠然秉清逸。婉娩自天性，柔嘉師女則。不鄙以字餘，欣願在異日。胡為方請期，忽焉聞示疾。哀哉遽長往，距期僅五日。幽明隔終古，天道誠茫茫。不得生相識，生為參與商。不得死相別，相望天一方。別離尚不得，何況歡樂長。肅弔一遵禮，筵幾餘詞章。微風動遺照，虛室生幽涼。耳目如有遇，彷彿疑在亡。日暮悲風起，神形兩徬徨。愁雲蔽明月，衣袂沾露光。以此心慘戚，悲慟摧中腸。緣慼諒有以，生死莫相忘。

葉紹袁很欣賞這個年輕人，認為他「英才特達，圭璋令器」。葉紹袁以為如果小鸞和他結合的話，定是一對佳偶。後來明朝滅亡，葉紹袁率家人逃進深山避難，張立平還不時過來拜見，並且送來食物。

據傳，葉小鸞死後，疏香閣前種的幾株芭蕉，無風自響，如嚶嚶啼哭，不久就枯萎了，堪稱一奇。而疏香閣外的梅花樹，從此再也沒有開花，只有幾株臘梅幽幽吐芬。時人感嘆：「幾點臘梅花欲蕊，經窗相對兩無言。今將今古無窮恨，都付蕉窗夜雨聲。」誰說草木無情？

沈宜修把葉小鸞的臥室布置成佛堂，獨自焚香、冥想，期望女兒來生能前來相見。她堅持認為女兒是瑤島玉女或者靈鷲侍者下凡，所以如此年少就仙去了。這樣想著，慈母已經寸斷的柔腸方才好過了一點。

她又想起之前九月初的時候，葉小鸞製作了一面木牌，手書其上「石徑春風長綠苔」一句。沈宜修問為何寫這句詩，葉小鸞回答說：「孩兒酷愛此語。」當時母親並沒有把這件事放在心上，此時回憶起來，這句詩乃是劉商所作，上句是「仙人來往行無跡」，彷彿這就是小鸞仙去的一個預兆。

在十一月初二夜，葉紹袁的第五子葉世儋夢見了姐姐葉小鸞。在夢中，葉小鸞在一座深松茂柏掩映著的茅庵中靠著幾座看書，身邊有一位青衣童子，正在烹茶。世儋看到小鸞，又驚又喜，喊了一聲「姐姐」，就想走進茅庵之中，但葉小鸞身邊那位烹茶的青衣童子立刻轉出，不許他入戶。世儋只好隔窗喊著姐姐。葉小鸞看到弟弟，神色間也是又驚又喜，姐弟倆說了幾句話。

就在這時，世儋醒來了。他年齡還小，隱隱還記得夢境，卻記不起他們說過什麼話了。他把這個夢境告訴了母親。

後來過了幾天，葉世佺也夢見了這座山以及山中的小鸞。沈宜修又悲又喜，認為「兒之夙慧異常，當果為仙都邀去耳」。

葉紹袁為女兒招魂時，也認為女兒是成仙而去：「使瑤池素女，吹落紫笙，蓬島仙童，飛來青鳥。桃花源下，人知弄玉之仙，桂樹宮中，共識飛瓊之去。」

悲痛欲絕的父母一遍遍地告訴自己女兒是成仙而去，心中的痛楚才能稍作緩解。

小鸞死前，舅父沈自徵已從東北返回新安。噩耗未傳到時，他還在客棧中屈指計算著小鸞出嫁的日子，以為她已經平安美滿，結婚多日了，欣喜得睡不著覺，於是拈了〈紅葉〉作為詩題，消磨長夜。

誰知道沈自徵忽然睡去，夢中見到小鸞來到，仍然像小時候一樣喚自己為「父親」，說道：「吾父詠紅葉，唯〈深閨〉一律中『若同靈草芳魂返，留伴金泥簇蝶裙』之句為佳。」沈自徵問她有沒有近作，她取出〈望江南〉數闋，沈自徵夢中只記得一聯：「金鑑曉寒追短夢，玉簫聲遠立空廊。」

沈自徵醒後，隱隱覺得有不祥之感，備感惆悵。不久家人就傳來了小鸞的訃信，這時離小鸞的死已有九日。沈自徵在極度驚駭與傷心當中，堅信那夜的夢一定是小鸞的魂靈前來向自己告別。他以為鍾愛的養女婚後會過著幸福的生活，還設想過小鸞歸寧之後與自己相見的歡樂情景：「私計來歲春明，汝當歸寧，余則掃門迎汝，先為汝設館：小閣錦茵，為汝雙飛之止；牙籤藝帙，為汝簡閱之用；小箋韻葉，為汝吟詠之資；洞簫靜琴，為汝閒情之寄；投壺玉局，為汝酡顏之娛；素馨媚蘭，為汝弱質之佩……」誰知道，竟是鏡花水月而已！「孰意盡付之夢想耶？」小鸞於婚前五天逝世，對舅父來說，大喜變大悲，令他太難接受：「即使早殤中夭，亦未至為大慘，獨不先不後，摧折於嫁前之五日，桃李將華，肅雍擬駕，鳳吹遽遠，兔藥不靈。使骨肉心狂，姻親魂斷，造化之虐，何至是歟！」

千花共逐，雙玉偏埋

大姐葉紈紈根本不相信三妹會這樣突然離去。她本來身體欠佳，得了肺病，因傷風而咳嗽不止。聞此噩耗，紈紈急忙趕回娘家奔喪，撫棺痛哭，在悲痛中傷心欲絕，病倒在床。病中猶作〈哭亡妹瓊章十首〉，一字一句，都浸透著傷痛與淚水。

其一

病裡俄警報訃音，狂風號野正淒陰。
歸來哭向殘妝處，冷月寒花滴淚深。

病中聽到妹妹的死訊，猶如晴天霹靂。而狂風號野，彷彿也在為妹妹嘆惋。回來為妹妹一大哭，冷月下的花上滾動著露珠，那是花也在為妹妹哭泣啊！

其二

別酒同傾九日前，誰知此別即千年。
疏香閣外黃昏雨，點點苔痕盡黯然。

幾天前才剛剛與妹妹分別，誰想到到如今卻已陰陽兩隔。疏香閣外黃昏幽暗，陣陣細雨，點點苔痕，心中傷痛真是難以自已。

其六

才賦催妝即挽章，蒼天此恨恨何長。
玉樓應羨新彤管，留得人間萬古傷。

剛剛才做好催妝詩，滿心希望妹妹從此能過著不同於自己的幸福生活，誰知道妹妹薄命，比自己猶勝！

其十

黃埃蕭索草煙黏，草色從今帶淚沾。
斷盡迴腸難再續，漫將枯管病中拈。

心痛妹妹之死，淚不曾乾，儘管病重臉色憔悴，也要提筆寫詩，以抒發對妹妹的思念。

十首哭妹詩，盡是葉紈紈病中所作。在哭妹之時，葉紈紈也是自傷身世，越哭越悲，越悲越哭。因哭妹傷心過度，紈紈終於病倒。在病中，每日誦《金剛》、《楞嚴》等佛經。隨後，她將哭妹詩連同自己僅存的一百五十來首詩詞編成集子，自取名曰《愁言》。

之後的某一天晚上，葉紈紈夢見自己來到深山之中。對著青山綠水，彷佛從病痛和悲傷中解脫出來，於是揮筆作了一首詩。作完之後，葉紈紈便從夢中驚醒，想起夢中種種，恐怕並非吉兆，於是便對母親沈宜修說了夢中所見。母親大為驚慟，竭力加以勸慰。

過了幾天，葉紈紈又做了一個夢。夢中有人以《金剛偈》給她看所謂夢幻泡影的說法。她醒來之後，又跟母親說了此事，認為自己也許不能久於人世了。母親痛惜小鸞，淚不曾乾，誰知道大女兒又起了輕生之意，痛上加痛，反覆勸解，想消除她心中的憂慮。葉紈紈心疼母親，也不捨母親，但長期的憂鬱已經大大損傷了她的身體。這憂慮，始終是消不下去了。

病中的紈紈只覺身體越來越沉重，自知不能支持太久，到十二月二十二日子時，紈紈請人把自己扶起來，對母親說：「我不行了。」然後亢身危坐，斂容正襟，合掌禮念，通身汗下。她就這樣，靜靜地在作佛禮中去世。

當時葉紈紈不過二十三歲，離小鸞逝去之日才七十天。

對於她們的父母尤其對母親沈宜修而言，葉紈紈之死又是致命一擊！葉紹袁面對她們的遺物，常常「觸目增哀」、「嬰心生感」，沈宜修更是「驚悼不知所出，肝腸裂盡，血淚成枯」。

兩個愛女逝世，沈宜修終於病倒了。病中，她悲不自勝，寫下了大量悼念的詩詞文賦來寄託自己的哀思，如〈哭季女瓊章〉、〈七夕思兩亡女〉、〈夏夜不寐憶亡兒〉、〈憶秦娥．寒夜不寐憶亡女〉、〈寒食悼兩亡女〉、〈見早梅憶女〉……這些作品在其著作〈鸝吹〉中占有很大分量。

她夜夜夢見女兒。有一夜，她又夢見了葉小鸞，女兒容顏仍是玉淨花明。她歡喜之極，問小鸞姐姐紈紈在哪裡，為何沒有跟她一起回來。小鸞微笑著指向屋子的東面，紈紈在那裡像是在閨中時一樣，在靜靜看書。沈宜修奔將過去，握住女兒的手，正悲喜交加間，夢卻醒了。清醒之後，她愈發痛楚。她把這次夢中的相會寫在〈夜夢亡女瓊章〉：

東風夜初回，紗窗寒尚冽。徘徊未成眠，銅壺催漏徹。
偶睡夢相逢，花顏逾皎雪。歡極思茫然，離懷竟難說。
但知相見歡，忘卻死生別。我問姊安在？汝何不同挈。
指向曲房東，靜把書篇閱。握手情正長，恍焉驚夢咽。
覺後猶牽衣，殘燈半明滅。欹枕自吞聲，肝腸盡摧折。

她在〈哭季女瓊章〉詩中寫道：「撫恃深閨十七年，幽蘭明月方可妍！」、「折玉碎珠何太早，返魂無術心空搗！」、「恨極江淹亦未聞，哀多庾信更難堪訴。」

她在〈哭長女昭齊〉詩其四中寫道：

東風吹不到泉臺，姊妹長眠甚日開。
微雨池塘春索寞，暮雲煙樹影徘徊。

半生只與愁為伴，七載嘗從悶裡催。
赴唁歸寧傷竟夭，可堪哀處更添哀！

素來疼愛的兩個女兒，美貌多才的兩個青春少女，竟這樣一去不返。尤其是長女葉紈紈，她婚後七年，受了多少罪，「半生只與愁為伴，七載嘗從悶裡催」，一想到女兒寧可獨自憂愁也不把這些苦楚向父母吐露，沈宜修的心都要碎了！

〈哭長女昭齊〉其九云：

欄外霏微滿院香，繽紛麗景競含芳。
千花盡逐年華轉，雙玉偏埋春夜長。
地下應無新歲月，人間空自老星霜。
燕吟絮句俱何在，哭向靈幾奠酒漿。

滿園芬芳，繽紛麗景，如此良辰美景，還有什麼心思欣賞呢？兩個如美玉一般的女兒已經長眠不醒，對母親來說，從此每一個夜晚都是漫長難熬的。

〈憶秦娥．寒夜不寐憶亡女〉一詞：

西風冽，竹聲敲雨淒寒切。淒寒切，寸心百折，迴腸千結。
瑤華早逗梨花雪，疏香人遠愁難說。愁難說，舊時歡笑，而今淚血！

西風凜冽，雨滴敲打在竹葉上，聲音寒冷入骨。想起兩個早逝的女兒，肝腸寸斷。那如梨花芳雪一般的長女葉紈紈，如梅花疏香一般的季女葉小鸞，本是母親最大的驕傲啊。從前共度的快樂時光，歡聲笑語，彷彿還歷歷在目，聲猶在耳，如今卻陰陽兩隔，永不相見。母親字字血淚，淒涼悲哀。

〈踏莎行．寒食悼女〉也是沈宜修悼念亡女的作品：

梅萼驚風，梨花謝雨，疏香點點猶如故。鶯啼燕語一番新，無言桃李朝還暮。
春色三分，二分已過，算來總是愁難數。迴腸催盡淚空流，芳魂渺渺知何處。

寒食節，悽風冷雨，更是讓人斷腸。在沈宜修的這闋詞中，梅萼自然是小鸞的化身，梨花自然是紈紈的芳魂了。女兒芳魂渺渺，而母親的淚已經快流乾了。

三年之後，她又寫下四闋〈水龍吟〉悼念亡女，其中詞序有云：「庚午秋日，余作

〈水龍吟〉二闋，兒輩俱屬和，書之扇頭。今又經三載，偶簡篋中，扇上之詞宛然，二女已物是人非矣，可勝腸斷，不禁淚沾衫袖。」

這痛苦太重，她承受不來，於是便更加虔誠向佛，希望忘卻傷痛，得到解脫。她曾寫下一首〈忘世偈〉：

四大本非我有，諸緣假合塵勞。
剎那時間灑卻，如如萬境潛消。

〈病中上泐大師〉曰：

四大幻身終有滅，茫茫業海正深時。
一靈若向三生石，無葉堂中願永隨。

但忘卻又談何容易？她越來越思念女兒，病痛也越來越重。她仍然強撐病體，支撐著這個家。她晚期作下的詩詞，已經不同於前期的閨怨幽思，而是飽含著生命憂患和世事滄桑之感，具有更加厚重的情感意蘊和複雜豐富的人生喟嘆。如〈江城子．重陽感懷〉：

其一

霜飛深院又重陽。漫銜觴，遣愁腸。為問籬邊，能得幾枝黃。聊落西風吹寒雁。羅袖薄，晚飄香。

韶華荏苒夢淒涼。望瀟湘，正茫茫。木落庭皋，秋色滿迴廊。泣盡寒螿悲蕙草。空惆悵，暮年光。

其二

西風自古不禁愁。奈窮秋，思悠悠。何似長江，滾滾只東流。霽景蕭疏催晚色，新月影，掛簾鉤。芙蓉寂寞水痕收。淡煙浮，冷芳洲。斷靄殘雲，猶自倚重樓。總有茱萸堪插鬢，須不是，少年頭。

葉小鸞的二姐葉小紈痛失姐妹知己，也是傷痛萬分，她曾作〈哭昭齊姊輓歌〉七首、〈哭瓊章妹〉十首以誌哀悼，其中一首為：

妝臺靜鎖向清晨，滿架琴書日覆塵。
一自疏香人去後，可憐花鳥不知春。

生別哪知死別難？長眠長似夜漫漫。
春來燕子穿簾入，可認雕欄鎖畫寒。

小鸞、紈紈死後三年（西元一六三五年）的一個仲春，葉小紈回到家中，見庭院花木繁盛，但只有疏香閣外一株古梅，「幹有封苔，枝無剩瓣」。弟弟們說，自從大姐和三姐過世，梅花再也沒有開過。葉小紈聽到後，攀枝執條，不禁淚如雨下：「嗟乎！草木無情，何為若是！」她寫下了一組詩，其二如下：

芳菲刺眼豔陽天，好景只供愁作伴。
卻看二月知正月，落葉連枝成一夢。
人去疏香燭黯然，浮生偏與恨相纏。
為惜今年說舊年，臨風雙袖淚痕鮮。

「妹喪未幾姊又死，愁腸百結淚千垂」，已經過了三年，但葉小紈對曾經親密無間的姐妹之死仍不能釋懷。午夜夢迴時，彷彿又回到了三姐妹讀書彈琴、作詩吟詞的年少時光。

葉小紈在思念中突生靈感，創作了《鴛鴦夢》雜劇，以抒發自己失去至親的痛楚，她將自己姐妹三人寫入了這部仙佛戲中：

雨絲絲難繫離愁，倩西風吹盡離愁，欲待訴知音何處有？訴青天，怕青天消瘦。聽蕭蕭敗葉將窗叩，銀燈暗，冷浸香篝，雨不休，風還又。恰天香時候，可正是風雨替花愁。

《鴛鴦夢》主要寫的是天上三仙女，即西王母、上元夫人、碧霞元君的三位侍女，因情趣相投而結為異性姐妹。她們都對世俗生活有所嚮往，動了凡心，被西王母發現後，貶謫下界，在人間轉生為昭綦成、蕙百芳、瓊龍雕三位才子。

這三位才子降生在松陵地方，汾水之濱。他們因緣結識，在「彩雲飛盡、明月將升」的秋夜，於鳳凰臺上飲酒賦詩，相互傾慕，義結金蘭。

次年中秋，瓊、昭二人卻雙雙病亡。他們雖年紀輕輕卻身懷雄才，是「斯文年少」、「玉樹瓊瑤」，然而命運竟然如此無常，明明青春正好卻過早凋零。蕙百芳痛失兄弟兼知己，哭悼兩人：

我三人呵，似連枝花萼照春朝，怎知一夜西風葉盡凋。容才卻恨乾坤小，想著坐花陰命濁醪。教我鳳臺上空憶吹簫，只期牙盡去知音少。從今後淒斷廣陵散，難將絕調操，只索將鶴煮琴燒。

從此，蕙百芳悟出生命無常，世事無定，於是「逍遙雲水，訪道尋真」。後來蕙百芳在終南山下終於得呂洞賓點化，醒悟到「人生聚散，榮枯得失，皆猶是夢」。而正當二人問答之時，只見昭、瓊二人採藥相攜而來。於是，蕙百芳重新與昭、瓊相聚，最後在呂洞賓帶領下同回瑤池為西王母獻壽。

戲裡明寫三書生意氣相投，暗寫三姐妹的手足之情。「蕙」、「昭」、「瓊」分別是小紈、紈紈、小鸞字號的第一個字。蕙百芳自然就是葉小紈自己了。蕙百芳即年二十，昭綦成年二十三，瓊龍雕年十七，也恰與葉小紈當時逝世時姐妹三人的年齡相合。

《鴛鴦夢》既寫悼亡之情，又抒女性之怨。全劇沉痛悱惻，真情流露。葉小紈把痛失姐妹的痛苦與悲愁、對姐妹的思念與嘆惋全部融入這部劇中，感染力極強。明代湯顯祖言：「因情成夢，因夢成戲。」葉小紈寫完這部戲之後，胸中之痛楚才稍微緩解了一點。

明代才女沈紉蘭寫有〈悼葉瓊章〉，其二為：

殘篇讀罷想生前，露蕊朝葵十七年。
北望未歸亡女魄，得君情事越悽然。

葉紹袁附注：「夫人女雙蕙，字柔嘉，年十六歲，天啟丙寅年卒。才色俱絕，有詩行世。」沈紉蘭亦在其下附注：「余二女俱以入都，病殞中途，年與瓊章正相若也。」

沈紉蘭剛剛痛失女兒，她哀悼小鸞的早逝，也是在哀悼自己女兒的早逝。

吳山〈挽葉瓊章〉詩前小序云：「吳江葉瓊章，十二歲有奇才，十七歲有奇慘。予讀遺集，始極悲，悲將五日而負結縭；既極羨，羨先五日而脫塵網，瓊章本仙也。其見諸吟詠，與自命煮夢子，無非仙也。然則天之折瓊章，亦折今日之瓊章耳，實全瓊章也。瓊章今辭葉氏之瓊章耳，瓊章尚在也。予久欲作挽，焚呈瑤幾，但愧瓦礫，羞見珠玉，幾回慚進，然亦不肯掩予慕弔之意，聊就短句，君其聆之。」詩云：

仙才玉貌古難稱，愧我緣慳見不能。
欲附青鸞候消息，知向瑤臺第幾層。

沈蕙端《悵悵詞》前有詞序：「昭齊、瓊章與余有表誼。其閒賦萬言，自有非非想，豈尋常閨秀邪！定霄塗之靈侶也。余所恨者，未經攜手相談，亦雲不見若人，只得玩若辭而已。……」

此外，明末清初黃媛介有〈傷心賦哀昭齊〉、〈輓詩〉十絕、《讀葉瓊章遺集》、〈輓詩〉十絕；黃媛貞有〈挽昭齊〉二首、〈絕句〉十首、〈挽瓊章〉二首、〈絕句〉十首；黃德貞有〈挽葉昭齊〉五首、〈挽葉瓊章〉五首。葉紹袁《天寥年譜別記》云：「象三（黃媛介弟）甚感余知己，以其姊媛貞、妹媛介挽昭齊、瓊章詩文來。」

葉小鸞死後，葉家也像是被抽走了靈氣一般，接二連三有親人去世，已經不復當年的歡聲笑語。崇禎八年（西元一六三五年），葉家又失去了一位親人，這便是葉世偁。

葉世偁是葉紹袁與沈宜修的次子，自幼聰慧，文采過人，素有「神童」之稱。葉世偁崇禎六年（西元一六三三年）參加科考，名列第一，不料卻因有官員從中作梗，以至於他名落孫山。從此之後，他鬱鬱寡歡。第二年正月初七，葉世偁外出訪友，感染風寒，再加上心情一直憂鬱，結果就臥病在床。父母為他延醫請藥，都不管用。

葉小紈為了照顧葉世偁，便回到了娘家。雖然她悉心照料弟弟，仍然沒有能挽回弟弟年輕的生命。葉世偁病情繼續加重，終於有一天突然吐血身亡。為了寄託對兒子的哀思，葉紹袁編輯了《百旻草》，其中收集了葉世偁所作的賦二首、記二首、序一首、文二首、詩七首和葉紹袁寫的〈百旻草序〉，還有親朋好友寫的祭文十篇。

葉世偁死後，他的未婚妻對他一片痴情，立志不嫁。在她戴孝過門的時候，馮老夫人顫顫巍巍地拉著她的手，老淚縱橫。七十六歲的馮老夫人接連失去兩個孫女和一個孫子，遭受了巨大的打擊，已經再也承受不了了。哭著哭著，馮老夫人竟一口氣沒有喘過來，便昏迷倒地。葉紹袁等人忙把馮老夫人扶到床上，然而，馮老夫人已經油盡燈枯，逝世了。

短短一兩年，葉家接連去世祖孫四人，沈宜修被徹底打垮了，從此一病不起。葉紹袁平素只知讀書和解決家族問題，無暇顧及也不善於處理自己家裡的事情。家裡事無巨細，上至侍奉老母，下至教育子女，包括家中田畝收入、日常支出都是由沈宜修打理的。

沈宜修病倒後，葉家迅速衰落。三年後，在對兒女深深的思念中，沈宜修也撒手人寰。沈宜修仁心卓鑑，在當時無人不敬。有人記載，鄉人為之失聲痛哭，有「婢女哭於室，僮僕哭於庭，市販哭於市，村嫗、農夫哭於野，幾於舂不相、巷不歌矣」之記載。

沈宜修只活了短短的四十六年，但是卻留下了極其豐富的文學作品，有詩、詞、偈、擬連珠、騷、賦、序、傳等共計八百三十三首，後來由葉紹袁悉數編入《鸝吹》之中。其中詩六百二十四首，詞一百九十闋，其他騷賦傳序等十九篇，是明代留存作品數量最多的女作家。

在沈宜修去世百日後，葉紹袁揮淚寫下了一篇祭文，其中的一段話，頗能道出兩人之間的真情感：

我之與君，倫則夫婦，契兼朋友，紫綃妝後，綠酒飛時，碧露凝香，黃雲對卷，靡不玩新花於曲徑，觀落葉於低窗。仲長統之琴樽，不孤風月；陶元亮之松菊，共賞煙霞。或披古人載籍之奇，或證當世傳覽之異；或以失意之眉對蹙，或以快心之語相詼；或與君莊言之，可金可石；或與君謔言之，亦弦亦歌；或與君言量薪數米，塵腐皆靈；或與君言不死無生，玄禪非遠。譚言微中，諮嗟相許，鄙中壘《左傳》之讀，陋惠姬《女誡》之垂者也。而今胡為至此哉！酒可盈樽，書猶疊架，月能常照，花欲時開，獨君不見，惝恍無儔。入而默默焉，無與語而入矣；出而寂寂焉，無與語而出矣。昔日之清淡雅韻，今日之斷草飄塵；今日之棄履零簪，昔日之曉妝晚步。嗚呼痛哉！

追憶從前種種美好，葉紹袁不禁沉浸其中不可自拔，而這些時光都隨知己兼愛人沈宜修的逝去而無法再回，「倫則夫婦，契兼朋友」成為他們夫婦倆深摯情感的最好詮釋。

沈宜修去世一年後，葉世儴夭折，年僅六歲。再過五年，葉世傛夭折，年僅二十一歲。再三年葉世偁夭折，也是二十一歲。十年間葉家接二連三有八人去世，經濟上更是捉襟見肘。因此，小鸞的棺木一直沒能入土為安。直到八年之後，才和弟弟世偁、世儴、姐姐紈紈等人的棺木一起，權厝於寶生庵後的荷花池北。

葉紹袁除了葉氏姐妹之外，還有八子，除世儴外皆有詩文。他們是長子葉世佺（西元一六一四年～西元一六五九年）、次子葉世偁（西元一六一八年～西元一六三五年）、三子葉世傛（西元一六一九年～西元一六四〇年）、四子葉世侗（西元一六二〇年～西元一六五七年）、五子葉世僐（西元一六二四年～西元一六四三年），六子葉世倌（西元一六二七年～西元一七〇三年），七子葉世傛（西元一六二九年～西元一六五七年）。可惜的是，除了葉世倌（後改名葉燮）外，其他七子皆因病早夭。即便如此，他們之中，或「運筆淡古，殊有漢魏風味」，或「文品清貴而韶秀，神姿俊潔以安詳」，顯示出了深厚的文學修養和特有的天資靈性。

在他們中間，六子葉世倌（葉燮）不僅在詩歌上頗有造詣，更在詩學理論上顯示了卓越見解，成為清代最有成就的學者之一。葉燮有《已畦詩文集》三十二卷和《原詩》四卷，尤以《原詩》奠定了他詩文家的地位。到了清朝政局穩定之時，葉燮為了家族復興重新選擇科舉出仕，但因為個性敏感率真，無法立足官場，終罷官而去，築室吳江橫山，著書講學，廣收弟子，世稱「橫山先生」。他的學生沈德潛、張玉書等，都是當時政壇及文壇的風雲人物。

從此，江南葉家便走向了衰落。清兵南下前，江南還未被戰火波及，尚可偏安一隅，弘光小朝廷曾任命葉紹袁擔任禮部郎中。大詩人宋琬也曾來到葉紹袁家避難。弘光元年（西元一六四五年），清廷派多鐸率軍南下，江南也陷入了戰亂之中。

葉紹袁與葉世侗等三子棄家入山為僧，遠離塵世。從家裡出來之時，葉紹袁隨身只攜帶《午夢堂集》、妻子和兒女們的遺像七軸、家譜一帙以及他本人的詩文雜著八本等。後來的日子裡，他到處漂泊流浪，一邊為抗清義師密謀策劃，一邊撰寫《甲行日注》、《湖隱外史》等重要著作。直到去世，葉紹袁一直未能再返回吳江故里。

十多年後，葉小紈重回午夢堂，此時午夢堂已經是青苔遍布，渺無人煙。小紈漫步故園。曾經，這裡歡聲笑語，其樂融融，才思敏捷的妹妹葉小鸞，冰雪聰明的姐姐葉紈紈，慈愛溫柔的母親沈宜修，寬厚溫和的父親葉紹袁……往日幸福的一幕幕在她心頭浮現。然而眼前，卻是一片荒涼，落花飛絮，纍纍青梅，浮雲逝水，夕陽殘照……她再也找不回以往的一切，人世滄桑，家國破碎，流年已逝。她含淚寫下一闋〈臨江仙．經東園故居〉：

> 舊日園林殘夢裡，空庭閒步徘徊。雨乾新綠遍蒼苔。落花驚鳥去，飛絮滾愁來。
> 探得春回春已暮，枝頭纍纍青梅。年光一瞬最堪哀。浮雲隨逝水，殘照上荒臺。

葉小紈一生經歷了太多次與父母姐妹的生離死別，她的淚流盡了。葉燮在《仲姊小紈詩集》序言中言：「然余伯仲季三姊氏，自幼閨中相唱和。迨伯季兩姊氏早亡，仲姊終其身如失左右手，且頻年哭母、哭諸弟，無日不鬱鬱悲傷，竟以憂卒焉。」

順治五年（西元一六四八年），葉紹袁卒於平湖孝廉馮兼山之別墅耘廬，終年六十歲。清康熙時蔣景祁在他所編定的《瑤華集》中，把葉紹袁列為僅次於錢謙益的江南第二大詞人。

順治十四年（西元一六五七年），葉小紈病逝，終年四十三歲。臨死前，小紈將詩稿交給女兒，希望她帶回汾湖故園，並給女兒沈樹榮留詩一首〈病中檢雜稿付素嘉女〉：「傷離哭死貧兼病，寫盡淒涼二十年。付汝將歸供灑淚，莫留閨秀姓名傳。」

「百年風雅幾人存，午夢堂空尚有村。一望暮煙秋草碧，何人為弔舊王孫？」此前，葉紹袁曾將三幼孫託付給族人養育，又將家中女眷寄於葉氏家庵，「一門風雅，終成歷史煙塵；絕代女子，化著天半朱霞」。

五十年後，寓居吳江橫山的小鸞六弟葉燮前來寶生庵歸葬兄姐，小鸞姐弟的權厝之所終於得以一起封築。

第十一章
詩魂永存：《返生香》的整理與流傳

天仙子　龔自珍

天仙偶厭住瓊樓，乞得人間一度遊。被誰傳下小銀鉤？
煙淡淡，月柔柔，伴我薰香伴我修。

汾水香奩，最憐午夢

葉小鸞夭折後，葉紹袁整理女兒的遺作，並將親朋好友為她所作的悼亡詩文合成一集，取名《返生香》。沈自炳為《返生香》作序，在序言中說：

《十洲記》曰，西海中洲上有大樹，芳華香數百裡，名為返魂，亦名返生香。筆墨精靈，庶幾不朽，亦死後之生也，故取以名集。

《返生香》又名《疏香閣遺集》，收錄小鸞詩一百零三首、偈一首、詞九十闋、曲一闋、擬連珠九首、序一篇、記二篇。小鸞的詩詞既有吟花詠草、四時歌賦，又有唱和酬答、抒情述懷，足見清麗脫俗的氣質和令人驚嘆的才情。《返生香》收錄的葉小鸞所寫的詩文時間多集中在她十二歲至十七歲之間，多抒寫閨閣的閒情逸致、風花雪月、喜怒哀樂、悲歡離合等。詩文清新可人，煉字精巧，極具靈氣，別有一番情致，呈現出清逸哀豔的風格，令人讀之不禁傾倒讚嘆。

王端淑在《名媛詩緯》中的評語為：「瓊章詩冷豔，讀之使人傷心，常覺紅淚彈空唾壺俱赤然。掩卷餘香，口齒清歷，想見其人之豔。原序稱其性不喜拘簡，能飲酒，善言笑，古今自無痴板才人，故宜爾爾也。尤妙未歸而逝，芙蕖半吐，情緒綿綿，如使綠葉成陰，風愁雨恨，杜牧揚州之夢寂然與盡矣。複述其仙遊窅渺一段，情事甚奇，未免文人妝點。七才子之稱，瓊章實不愧云。」

陳廷焯《白雨齋詞話》卷三曰：「葉小鸞詞筆哀豔，不減朱淑真。求諸明代作者，尤不易覯也。」卷五曰：「閨秀工為詞者，前有李易安，後則徐湘蘋。明末葉小鸞較勝於朱淑真，可為李、徐之亞。」諸多評論中，都將葉小鸞與名士大家相提並論，評價不可謂不高。可嘆的是，千古文章未盡才，若是小鸞不早逝的話，她還將留下多少令人驚豔的詩詞呀。

《返生香》沒有單行本行世，而是收進《午夢堂集》流行於世。明代崇禎九年（西元一六三六年），葉紹袁為紀念辭世的妻女，懷著悲痛的心情精心編輯了一部詩文合集《午夢堂集》刊刻行世。他不僅細心整理編輯了妻女的作品，而且還在不少詩文後面寫下了感情真摯的評語，寥寥數句，便在筆墨中勾畫出了當時的情境心態，使人讀之不禁潸然淚下。

崇禎九年（西元一六三六年）的版本共收錄十種作品：沈宜修的詩文集《鸝吹》、沈宜修所編同朝才女詩文集《伊人思》、葉紈紈的詩文集《愁言》、葉小鸞的詩文集《返生香》、葉紹袁懷念妻女寫下的《窈聞》、《續窈聞》、《秦齋怨》、沈氏親友悼念文集《屺雁哀》、《彤奩續些》、葉世偁的詩文集《百旻草》（這裡不包括後來葉燮所撰的三十二卷詩文以及被推崇的「開一代風氣之作」的詩歌理論《原詩》四卷）。

《午夢堂集》甫一問世，立即廣為流傳。其中所展現出來的家族才華、夫妻之情、手足之意，都讓世人震撼不已。《午夢堂集》裡的文字，有一種飄逸空靈而又文雅知性的氣質，其中，以葉小鸞的《返生香》最為引人注目。葉紹袁也認為，「諸兒女中，汝（葉小鸞）最挺出」。

後來，《午夢堂集》又陸續在明末及清代出現八種不同的版本，其中收錄的作品數量也有差異。有明崇禎曹學佺序本（八種），清順治十八年（西元一六六一年）抄本（八種），清乾隆二十三年（西元一七五八年）刊本（六種），清康熙二十五年（西元一六八六年）本。清人葉德輝根據明崇禎十二年（西元一六三九年）曹學佺序本重新輯刻，收《鸝吹》、《彤奩續些》、《窈聞》（含《續窈聞》）、《伊人思》、《秦齋怨》、《屺雁哀》、

《百旻草》、《返生香》、《愁言》、《鴛鴦夢》、《靈護集》、《瓊花鏡》，共十二種。自此《午夢堂集》已經趨於完備，收錄內容是歷代最多的。

清代徐樹敏、錢岳在〈眾香詞序〉中評價：「汾水香奩，最憐午夢，每吟減字偷聲之句，如見細腰纖手之人。」詩人陳去病在《五石脂》中云：「沈、葉二氏，俱係松陵望族，而互為姻婭，事尤絕類朱、陳。天寥初娶宛君夫人，名宜修，即君晦女兒，雅擅詞藻，所生子女十五人（當為十三人），並有夙慧，而三女小鸞字瓊章，尤明豔若仙，一時閨門之內，父兄妻子，母女姊妹，莫不握鉛槧而怡風月，棄針管而事吟哦。新婦于歸，習於家法，亦皆斐然有作，敏妙可觀，故《午夢堂集》十二種，流播幾遍海內。」清人沈德潛認為，《午夢堂集》中包括葉小鸞在內的閨秀之作，「詩詞歌曲悉包唐宋金元之精，庶幾婉順幽貞不拂乎溫柔敦厚之音者」。而曹學佺在〈午夢堂集序〉裡則發出了「文人多厄，不獨鬚眉，彤管玉臺，俱所難免」的感懷。

葉紹袁的朋友徐匡秋在讀《午夢堂集》後讚道：

風雅為家教，和平被一時。
詞壇俱小子，文陣得雄獅。

門內人人集，閨中個個詩。
鄭公還有婢，出語解人頤。

在《午夢堂集》中，葉小鸞的父母、姐弟、親友都有詩文悼亡，篇詞近百。如沈自炳〈返生香序〉所云：「瓊章之沒，大小皆有詩文祭之，雅麗可觀，殆其性然歟。」葉紹袁又將名媛、親友的悼念之詩文詞（包含續作）匯為《彤奩續些》。

葉紹袁幾年間痛失數位親人，悲痛難解，於是便在詩文中開解自己，他寫下了《窈聞》和《續窈聞》兩部幻想作品。在他的想像中，妻子和女兒死後昇仙，在仙界過著自在的生活，永不受塵世煩擾。只是，夢醒之後，心痛仍然難忍。「一朝永別，千載無期，人生痛哀，有甚此歟！」夢境仙事是葉紹袁內心對於現實的補償與逃避，但是終究無法真正慰藉他的痛苦與神傷。

他也多次延請當時一些扶乩招魂者來為妻女招魂。其中一位被稱為「泐大師」的，頗為有名，有研究者考證他實際上為明末著名文學家金聖歎。他即興為《彤奩續些》所作題詞，博得葉紹袁「精言麗彩，揮灑錯落，筆不停手，應接靡暇。鴻文景爍，靈篇暉耀，真上超沈、謝，下掩庾、徐」的由衷嘆賞。

葉紹袁在《續窈聞》中記載了這樣一件事：葉小鸞死後，泐大師在葉家進行了一次扶乩活動，斷言葉小鸞之前身為「月府侍書女」，名為寒簧；並再現了小鸞死時的光景：「去時但見童面如玉，女面如珠，紫金幢、赤珊瑚節、大紅流蘇結為臺閣，青猊駕橋，赤虯驂乘，黃雲蓋頂，青雲捧足，紅雲開路，白雲護身。爾時殊樂，不知苦也。」大師召來已是「月府侍書女」的葉小鸞的靈魂，靈魂表示願從師受戒。大師說，受戒之先，必須審戒，便審問她生前種種罪過。她都一一以詩句相答，且語極綺麗。

女云：「願從大師授記，今不往仙府去矣。」師云：「既願皈依，必須受戒。凡授戒者，必先審戒。我當一一審汝，汝仙子曾犯殺否？」女對云：「曾犯。」師問：「如何？」女云：「曾呼小玉除花蝨，也遣輕紈壞蝶衣。」「曾犯盜否？」女云：「曾犯。不知新綠誰家樹，怪底清簫何處聲。」「曾犯淫否？」女云：「曾犯。曉鏡偷窺眉曲曲，春裙親繡鳥雙雙。」

師又審四口惡業，問：「曾妄言否？」女云：「曾犯。自謂前生歡喜地，詭云今坐辯才天。」「曾綺語否？」女云：「曾犯。團香製就夫人字，鏤雪裝成幼婦辭。」「曾兩舌否？」女云：「曾犯。對月意添愁喜句，拈花評出短長謠。」「曾惡口否？」女云：「曾犯。生怕簾開譏燕子，為憐花謝罵東風。」

師又審意三惡業：「曾犯貪否？」女云：「曾犯。經營緗帙成千軸，辛苦鸞花滿一庭。」「曾犯嗔否？」女云：「曾犯。怪他道韞敲枯硯，薄彼崔徽撲玉釵。」「曾犯癡否？」女云：「曾犯。勉棄珠環收漢玉，戲捐粉盒葬花魂。」

師大讚云：「此六朝以下，溫李諸公，血竭髯枯，矜詫累日者，子於受戒一刻，隨口而答，那得不哭殺阿翁也。然則子固止一綺語罪耳。」

這些對話，勾勒出一位輕盈靈動、俏皮伶俐的大家閨秀形象，她熱愛大自然，眷念青春，鍾愛美和自由，倔強而有個性，靈氣逼人。這段對話經由葉紹袁《續窈聞》的記載而廣為流傳，構成了後來葉小鸞形象最為生動的精神內核。錢謙益不僅讚賞葉小鸞的「矢口而答，皆六朝駢儷之語」，且將其呈泐師之詩，編入《列朝詩集》中。

筆墨精靈，庶幾不朽

葉小鸞超凡脫俗的美貌才情以及青春早逝的不幸命運，讓文人們為之感嘆，為之提筆。從晚明到清代，涉及葉小鸞詩詞的各類著述數不勝數，她的詩詞、事蹟除了在《午夢堂集》可以見到之外，明清時期的文學選集亦頗多收錄，如錢謙益《列朝詩集》、周亮工《因樹屋書影》、鄒漪《女仙傳》、彭孫貽《茗齋詩余》、陳維崧《婦人集》、朱彝尊《明詩綜》、馮金伯《詞苑萃編》、周銘《林下詞選》、袁枚《隨園詩話》、葉燮《午夢堂詩鈔》、王端淑《名媛詩緯》、陳廷焯《白雨齋詞話》等。

清初蘇州才子尤侗曾寫下《鈞天樂》傳奇，把葉小鸞也寫入了這部傳奇之中。在《鈞天樂》傳奇中，男主角沈白懷才不遇，在科舉中名落孫山，他的未婚妻寒簧才色傾城，卻在婚前憂鬱逝世。後來寒簧被瑤池王母召為散花仙史，而沈白也被天庭選為狀元，兩人在月宮團圓，終成眷屬。第八出《嫁殤》，當聽到母親說「揀定今月十五日」成婚後，寒簧問侍兒：「今日幾日？」侍兒答：「初十日了。」寒簧又說：「如此甚速，如何來得及！」與沈宜修《季女瓊章傳》所記葉小鸞逝世前的情形幾乎一樣。

尤侗對葉小鸞一直抱有一種仰視和傾慕的心態，曾作〈戲集返生香句弔葉小鸞〉十首，其中一首為：

> 定應握手幾時同，月白風清愁萬重。
> 人向暮煙深處憶，疏香滿院閉簾櫳。

其好友湯傳楹曾云：「展成自號三中子，人不解其說，予曰：『心中事，《揚州夢》也；眼中淚，哭途窮也；意中人，《返生香》也。』」

在尤侗《西堂全集》中，涉及葉小鸞的詩詞作品有多篇，如〈戲集返生香句弔葉小鸞〉十首、〈和葉小鸞夢中作〉、〈弔返生香〉等，字字句句都是對葉小鸞的讚賞。他的三個女兒均以「瓊」字命名，並表示：「松陵素稱玉臺才藪，而葉小鸞《返生香》仙姿獨秀。雖使漱玉再生，猶當北面，何況余子？其對泐師語云『團香制就夫人字，鏤雪裝成幼婦詞。』請借兩言，以弁『林下』之集。」

清代文學家袁枚在《隨園詩話》中還記載了自己夢遇葉小鸞的事情：「甬東顧鑑沙，讀書伴梅草堂，夢一嚴裝女子來見，曰：『妾，月府侍書女，與生有緣。今奉敕齎書南海，生當偕行。』顧驚醒，不解所謂。後作官廣東，於市上買得葉小鸞小照，宛如夢中人，為畫〈橫影圖〉索題。」

泐大師與「葉小鸞」的對話，也屢屢被人在文中模仿。如清代沈起鳳《諧鐸》中的〈嬌娃皈佛〉篇，十五歲少女沈綺琴與戒律僧慧公的對話即是模仿泐大師與葉小鸞，作者明言此「與葉小鸞參禪一案，併為詞壇佳話」。清末王韜《遁窟讕言》卷六〈珊珊〉提及屈楚香行法事，也是「因登座為姍來說法，效葉小鸞故事」。

就連清代曹雪芹《紅樓夢》七十六回中，林黛玉與史湘雲月下聯詩，湘雲對出一句「寒塘渡鶴影」，黛玉沉思良久，終於對出了「冷月葬花魂」。湘雲拍手嘆為妙對，讚其「清奇詭譎」。而這一句卻是由葉小鸞的「拋棄珠環收漢玉，戲捐粉盒葬花魂」詩句化來的。

因葉小鸞與林黛玉同為年少夭亡，又同是明慧靈雋、風露清愁、孤高自許的少女，曹雪芹的祖父曹寅又曾與葉小鸞的六弟葉燮往來甚密，因此，也有研究者認為，葉小鸞就是《紅樓夢》中「世外仙姝」林黛玉的原型，也頗有幾分可取之處。

葉小鸞去世幾十年後，葉家已經是荒涼一片，午夢堂再也沒有了往日的生機。明末清初詞壇第一人、陽羨詞派領袖陳維崧在經過葉小鸞舊日書房的時候，想起那早逝的天才少女，面對荒涼景色，寫下了〈過秦樓．松陵城外經疏香閣故址感賦〉：

為草沒空園，總到春歸，也無人至。只櫻桃一樹，有時和雨，暗垂紅淚。想鳥啄雙環，蝶黏交網，此是阿誰門第？墊巾繞柱，背手循廊，直恁冷清清地。料昔時、人在小樓，窗兒簾子，定比今番不似。望殘屋角，立盡街心，何處玉釵聲膩？唯有門前遠山，還學當年，眉峰空翠。憶香詞尚在，吟向東風斜倚。

清代孫道乾在〈小螺庵病榻憶語題詞〉中為其作詩二首。其一為：

手把芙蓉返帝鄉，小鸞仙去月華涼。
傷心白髮梅花叟，揮淚重編午夢堂。

民國初，南社的柳亞子曾作〈高陽臺〉：

午夢堂空，疏香閣壞，芳蹤一片模糊。衰草斜陽，涼風搖動菰蘆。深閨曾煮蕉窗夢，到而今，夢也都無。最傷心，鏡裡波光，依舊汾湖。
披圖遙憶當年事，記一門風雅，玉珮瓊琚。一現曇華，無端零落三珠。孤臣況又披緇去，莽中原，哭遍榛蕪。剩伊人，弔古徘徊，感慨窮途。

葉小鸞的一些遺物也因為主人的原因而顯得分外珍貴，特別是當時舅父贈她的眉子硯。小鸞去世後，隨著午夢堂敗落，這硯也從疏香閣流出，輾轉世間。而有幸得到它的文人也往往睹硯思人，寫下了不少懷古佳作。影響最大的應是清代龔自珍〈天仙子〉：

天仙偶厭住瓊樓，乞得人間一度遊。被誰傳下小銀鉤？
煙淡淡，月柔柔，伴我薰香伴我修。

葉小鸞詩文中所流動的靈雋清麗、哀豔憂鬱，對時光飛逝的惋惜和對生命無常的憂慮，都能喚起文人對人生與命運的深沉思索與深入探究。而她是一個琴棋書畫、詩詞歌賦全能的才女，她異乎尋常的美貌與才情，還有謎一樣的早逝——青春正好時生命卻戛然而止，正如一朵花開得正好時卻永遠定格——這也讓當時的文人們感嘆不已，因此建構了異常豐富的審美想像。她成為文人心中永遠的傳奇，在文學作品中不斷重生，成為真正意義上的「筆墨精靈」。

附錄

季女瓊章傳　沈宜修

女名小鸞，字瓊章，又字瑤期，余第三女也。生纔六月，即撫於君庸舅家。明年春，余父自東魯掛冠歸，余歸寧，值兒週歲，頗穎秀。妗母即余表妹張氏，端麗明智人也，數向余言：「是兒靈慧，後日當齊班、蔡，姿容亦非尋常比者。」四歲，能誦《離騷》。不數遍即能了了。又令識字，他日故以謬戲之，兒云：「非也，母誤耶？」舅與妗甚憐愛之。十歲歸家，時初寒，清燈夜坐，檻外風竹瀟瀟，簾前月明如畫。余因語云：「桂寒清露溼。」兒即應云：「楓冷亂紅凋。」爾時喜其敏捷，有「柳絮因風」之思。悲夫！豈竟為不壽之徵乎？

後遭妗母之變，舅又久滯燕都，每言念顧復之情，無不欷歔泣下。兒體質姣長，十二歲，髮已覆額，娟好如玉人。隨父金陵，覽長干、桃葉，教之學詠，遂從此能詩。今檢遺篋中，無復一存，想以小時語未工，兒自棄去邪？十四歲，能弈。十六歲，有族姑善琴，略為指教，即通數調，清泠可聽，嵇康所云：「英聲發越，采采粲粲」也。家有畫卷，即能摹寫。今夏，君牧弟以畫扇寄余，兒倣之甚似。又見藤箋上作落花飛蝶，甚有風雅之致，但無師傳授，又學未久，不能精工耳。

性高曠，厭繁華，愛煙霞，通禪理，自恃穎姿，嘗言「欲博盡今古」，故為父所鍾愛，然於姊妹中，略無恃愛之色。或有所與，必與兩姊共之。然貧士所與，不過紙筆書香而已。衣服不喜新，即今年春夏來，余制羅衫裙幾件，為更其舊者，竟不見著。至死時檢之，猶未開摺也。其性儉如此。因結褵將近，家貧無所措辦，父為百計營貸。兒意甚不樂，謂「荊釵裙布，貧士之常，父何自苦為」。然又非纖嗇，視金錢若浼，淡然無求，而濟楚清雅所最喜矣。

兒鬒髮素額，修眉玉頰，丹唇皓齒，端鼻媚靨，明眸善睞，秀色可餐。無妖豔之態，無脂粉之氣。比梅花，覺梅花太瘦，比海棠，覺海棠少清，故名為豐麗，實是逸韻風生。若謂有韻致人，不免輕佻，則又端嚴莊靚。總之王夫人林下之風，顧家婦閨房之秀，兼有之耳。父嘗戲謂：「兒有絕世之姿」，兒必慍曰：「女子傾城之色，何所取貴，父何必加之於兒？」己巳，十四歲，與余同過舅家，歸時，君晦舅贈兒詩，有「南國無雙應自貴，北方獨立詎為慚，飛去廣寒身似許，比來玉帳貌如甘」之句，皆非兒意中所悅也。一日曉起，立余床前，面酥未洗，宿髮未梳，風神韻致，亭亭無比，余戲謂之曰：「兒嗔人讚汝色美，今麤服亂頭尚且如此，真所謂笑笑生芳，步步移妍矣，我見猶憐，未知畫眉人道汝何如？」悲夫！孰意兒床前之立，今不復見，夫婦不得一識面乎！

作詩不喜作豔語，集中或有豔句，是詠物之興，填詞之體，如秦少遊、晏小山代閨人為之耳。如夢中所作〈鷓鴣天〉，此其志也。每日臨王子敬〈洛神賦〉，或懷素草書，不分寒暑，靜坐北窗下，一爐香相對終日。余喚之出中庭，方出，否則默默與琴書為伴而已。其愛清幽恬寂有過人者。又最不喜拘檢，能飲酒，善言笑，瀟灑多致，高情曠達，夷然不屑也。

性仁慈寬厚，侍女紅于，未曾一加呵責。識鑑明達，不拘今昔間事，言下即了然徹解，或有所評論，定出余之上，余曰：「汝非我女，我小友也。」

九月十五日，粥後，猶教六弟世偕暨幼妹小蘩讀《楚辭》。即是日，壻家行催粧禮至，而兒即於是夕病矣。于歸已近，竟成不起之疾。十月十日，父不得已，許壻來就婚，即至房中，對兒云：「我已許彼矣，努力自攝，無誤佳期。」兒默然，父出，即喚紅于問曰：「今日何日？」云：「十月初十。」兒嘆曰：「如此甚速，如何來得及？」未免以病未有起色，壻家催迫為焦耳。不意至次日天明，遂有此慘禍也。聞病者體重則危，兒雖憊，舉體輕便，神氣清爽，臨終略無惛迷之色。會欲起坐，余恐久病無力，不禁勞動，扶枕余臂間，星眸炯炯，念佛之聲告朗清徹，須臾而逝。余并呼數聲，兒已不復聞矣。

初見兒之死也，驚悼不知所出，肝腸裂盡，血淚成枯。後徐思之，兒豈凡骨，若非瑤島玉女，必靈鷲之侍者，應是再來人，豈能久居塵世耶？後日夜望其再生，故至七日方入殮。雖芳容消瘦已甚，面光猶雪，唇紅如故。余含淚書「瓊章」二字臂上，尚柔白可愛，但骨瘦冰冷耳，痛哉！

初，兒輩在外塾，各有紙記遍，余倣樣以木為之，取其不易損壞。玆九月初，兒亦請作一面，手書其上「石徑春風長綠苔」一句，問之，曰：「兒酷愛此語。」爾時不覺，今憶之，乃劉商詩，上句是「仙人來往行無跡」也，豈非讖乎？兒真仙去無疑矣。

十一月初二夜，五兒世儋，夢見兒在一深松茂柏茅庵中，凭几閱書，幅巾淡服，神色怡暢，傍有烹茶人，不許五兒入戶，隔窗與語而別。五兒尚幼，故但能憶夢境，不復憶所語也。五兒云：「山名亦恍恍若憶，覺後忘之。」後數日，大兒世佺亦夢見以松實數合相遺。余記陳子昂詩，有「還逢赤松子，天路坐相邀」之句，兒之夙慧異常，當果為仙都邀去耳。或有譏余妄言，效古〈長恨歌〉之說。嗚呼！愛女一死，痛腸難盡，淚眼追思，實實寫出，豈效才人作小說欺世邪？

兒生於丙辰年三月初八日卯時，卒於崇禎壬申年十月十一日卯時，年十有七歲。許字崑山張家。壻名立平，長我女一歲，早有文譽。卜於是月十六日成婚，先期五日而卒，夫婦不及一相見。余所未經之慘，恐亦世間未有之事，傷哉痛哉！此肝腸寸碎中，略記一二，不能盡述也。

返生香序　沈自炳

嘗聞龜山少女，名署玉書；南岳夫人，歌聞雲璈。華巔朱履，因亂世而升雲；劉氏白鵠，厭塵氛而度世。誠以天資絕俗，秀氣凌煙，中懷瀟灑林下之風、飄颻出塵之想，豈能抑遐志於金屏，老雲翹於珠戶哉！蓋吹笙馭鳳，非俗世之賓；棲月乘鸞，豈人間之婦。是以流霞玉英，不同金石之翫；琪花朱草，鮮齊桃李之芳。九英之芝，莫育於常囿；五色之泉，不流於濁溪。何則？物有姱而自貴，性有異而獨遙，殊情孤邁，雋采易遷，斯神明之靈淑，固溷濁之所難留也。

夫古之淑媛秀質，金閨雅麗之姿，椒房窈窕之選，亦有明詩嫻禮，摛賦擅詞，令辭敷灑，昭宣德聞，冊光麗采，墨鐫芳華，馨播詞人之口，照耀文士之目。然或蘭摧別苑，珠碎高樓，長門永嘆，塘上空悲；或辭身鄉國，崎嶇異域，隕魄胡沙，埋魂驛路。莫不泣飲寒聲，愁啣弱影。琵琶夜月，恨與雁而長飛；繡嶺春風，怨隨花而不落。爰思淑姿令終，多才而寡累者，固什不獲二三也。豈若御青霞、入紫霓、友素娥而侶宓妃哉。

余甥瓊章，葉虞部仲韶之三女也。生而靈異，慧性夙成；長而容采端麗，明秀絕倫。翠羽朝霞，同於圖畫，輕雲迴雪，有似神人。年十餘，知詞賦。十三四，工篇章，并古文及齊梁體，皆過目能誦，操翰成章，朗雋遒逸，咸遵其致。十五學琴與弈，摹古人書畫，無師而解其意。舉止莊靜，不妄言笑，史書所稱，無以過也。乃復身存華闠，志逸煙巒，以婉孌之年，懷高散之韻。紫水芙蓉之詠，半屬遊仙；錦書飛雲之編，爰思大道。寓懷雙鶴，無非翫水之詞；寄意六花，盡皆瑞葉之句。夢越紅泉，瑤姬不遠；情依碧嶠，銀闕非遙。斯誠達人之所幾，詎知才士之所及。至年十七，將嫁而遽隕。逮斂之日，玉色輝朗，朱唇鮮澤，舉體輕柔，類同尸解。稽其既沒之景，合其生存之辭，若符一致，固非馮雙之偶降，即同蘭香之再生矣。繇斯以譚，心高五岳，氣軼層霄，方且恥彩鸞之多嫁，訾弄玉之有夫，焉肯畫眉玉鏡，掩袂鳳帷也哉。嗟夫！神山萬裡，方士望而難來；靈鶴千年，華表歸而無日。金罍月冷，爰同玉女之壺；花砌苔封，既是麻姑之石。遐哉邈矣，孰可諼焉。

母氏宛君，吾家道韞也。教三女：長昭齊、次蕙綢，皆知詩屬文，而瓊章尤為挺拔，如劉家令嫻，竟芳年蚤世，悲夫惜哉！仲韶文章才行，既顯厥世，儒雅風藻，洽於家庭。故諸子能言即知誦詩，毀齒即能為文。瓊章之沒，大小皆有詩文祭之，雅麗可觀，殆其性然歟？咸集而著之於世，覽者明焉。時崇禎壬申十有一月，沈自炳君晦題。

參考書目

一、葉紹袁《午夢堂集》，中華書局二〇一五年版。
二、陳廷焯《詞則》，上海古籍出版社一九八四年版。
三、王國維《人間詞話》，人民文學出版社二〇〇二年版。
四、錢謙益《列朝詩集小傳》，上海古籍出版社一九八三年版。
五、徐培均《李清照集箋註》，上海古籍出版社二〇〇二年版。
六、譚正璧《中國婦女文學史話》，百花文藝出版社一九八五年版。
七、胡文楷《歷代婦女著作考》，上海古籍出版社一九八五年版。
八、張宏生《明清文學與性別研究》，江蘇古籍出版社二〇〇二年版。
九、唐圭璋《詞話叢編》，中華書局一九八六年版。
十、張仲謀《明詞史》，人民文學出版社二〇〇二年版。

十一、嚴迪昌《清詞史》，江蘇古籍出版社二〇〇一年版。
十二、葉嘉瑩《迦陵論詞叢稿》，河北教育出版社一九九七年版。
十三、鄧紅梅《女性詞史》，山東教育出版社二〇〇〇年版。
十四、趙雪沛《明末清初女詞人研究》，首都師範大學出版社二〇〇八年版。
十五、施淑儀《清代閨閣詩人徵略》，上海書店一九八七年版。
十六、朱萸明《明清文學群落——吳江葉氏午夢堂》，上海人民出版社二〇〇八年版。
十七、吳秀華、林巖《楓冷亂紅凋——葉氏三姐妹傳》，花山文藝出版社二〇〇一年版。
十八、孔彩虹《舊時月色：中國古代才女十二釵評傳》，安徽教育出版社二〇一六年版。

期刊論文

一、鄧紅梅《女性詞綜論》，《文學評論》二〇〇二年第一期。

二、高峰《明清女性詞人的易安情結》，《南京師範大學學報：社會科學版》二〇一一年第五期。

三、蔡靜平《少女身世可堪憐——明末才女葉小鸞的生死之謎》，《阜陽師範學院學報：社會科學版》二〇〇三年第一期。

四、陳書錄《「德、才、色」主體意識的復甦與女性群體文學的興盛——明代吳江葉氏家族女性文學研究》，《南京師範大學學報：社會科學版》二〇〇一年第五期。

五、吳碧麗《文學與生活的融合——明末清初吳江葉氏家族的日常生活與文學活動》，《徐州師範大學學報：哲學社會科學版》二〇〇六年第五期。

六、李真瑜《略論明清吳江沈氏世家之女作家》，《中華女子學院學報》二〇〇一年第四期。

七、郝麗霞《吳江沈氏女作家群的家族特質及成因》，《山西大學學報：哲學社會科學版》二〇〇三年第六期。

八、姜光斗《〈午夢堂集〉的文學成就》，《南通師範學院學報：哲學社會科學版》二〇〇一年第二期。

九、郭延禮《明清女性文學的繁榮及其主要特徵》，《文學遺產》二〇〇二年第六期。

十、陸林《〈午夢堂集〉中「泐大師」其人——金聖歎與晚明吳江葉氏交遊考》，《西北師範大學學報：社會科學版》二〇〇四年第四期。

十一、郝麗霞《吳江沈氏家族的女性文學意識》，《淮南師範學院學報》二〇〇五年第四期。

十二、彭娟《午夢堂作家群的文學成就》，《湖南第一師範學報》二〇〇六年第四期。

電子書購買　　爽讀 APP

國家圖書館出版品預行編目資料

琴書為伴，人間清歡——明末才女葉小鸞：詩書世家的文學傳承、才情橫溢的命運悲歌……一位絕代才女的短暫芳華與時代意義 / 張覓 著 . -- 第一版 . -- 臺北市：崧燁文化事業有限公司 , 2025.02

面；　公分

POD 版

ISBN 978-626-416-290-6(平裝)

1.CST: (明) 葉小鸞 2.CST: 學術思想 3.CST: 詩評 4.CST: 傳記

782.868　　　　　114000509

琴書為伴，人間清歡——明末才女葉小鸞：詩書世家的文學傳承、才情橫溢的命運悲歌……一位絕代才女的短暫芳華與時代意義

臉書

作　　者：張覓

發 行 人：黃振庭

出 版 者：崧燁文化事業有限公司

發 行 者：崧燁文化事業有限公司

E-mail：sonbookservice@gmail.com

粉 絲 頁：https://www.facebook.com/sonbookss/

網　　址：https://sonbook.net/

地　　址：台北市中正區重慶南路一段 61 號 8 樓

8F., No.61, Sec. 1, Chongqing S. Rd., Zhongzheng Dist., Taipei City 100, Taiwan

電　　話：(02) 2370-3310　　　傳　　真：(02) 2388-1990

印　　刷：京峯數位服務有限公司

律師顧問：廣華律師事務所 張珮琦律師

定　　價：399 元

發行日期：2025 年 02 月第一版

◎本書以 POD 印製